大霊界真書

聖

隈本正二郎

日本神霊学研究会・長崎聖地

魂の浄霊と、聖の神様の力を頂きに、日々、
多くのひとびとがこの聖地を訪れます。

上　長崎聖地の礼拝堂
下　長崎聖地の聖水座

日本神霊学研究会・東京聖地

都会の喧騒の中にありながら、静かで、心の安らぎを得られる
オアシスのような空間です。

上　東京聖地の礼拝堂

下　東京聖地の聖水座

はじめに

皆さんは「心って不思議だな」と思ったことはありませんか。私たちの心はいつもあれこれと何かを思い、あちこちと揺れ動いています。同じ人に対する感情もその日、そのときで変わってきます。

「どうしてうちのお母さんはいつも私に小言ばかり言うんだろう。私だって私なりに考えているのに、まったくうるさいったらないわ」と思ったり、「お母さんも毎日大変なんだよな。私のことを思うからいろいろ口も出すんだよね」とありがたく思ったり……。

「うちの課長はなぜいつも怒鳴ってばかりいるんだろう。まったくやってられないよ」と思ったり、「あの課長もなかなか部下思いのところもあるんだよな。部長からは文句を言われるし、俺たちからは突き上げられるし、思えば気の毒な気もしてくるな」と同情してみたり……。

また、同じ出来事に出会っても、気分次第でさまざまな受け取り方ができます。例えば、思いがけず単身赴任しなければならなくなったとして、それをプラス志向で考えるかマイナス志向でとらえるかは、その人その人の心のあり方で決まります。

「まいったなあ、家族と離れ離れに暮らすのか……。ちょっと寂しいな」

「食事はどうするんだ。洗濯も自分でするのか……。冗談じゃないよ」

などと考える人もいるでしょう。

「ようし、独身時代に戻ったつもりで自由を謳歌《おうか》するか！」

「この際、料理の腕を磨《みが》いて家内をびっくりさせてやろうか」

などと思う人もいるでしょう。

危うく交通事故に巻き込まれそうになった。

「まいったよ、あいつの車が信号無視をするから、もう少しでぶつかるところだったじゃないか。あの野郎め」と思うか、「いやあ、助かったよ。お互い無事でよかったな」と思うか……。

同僚が自分に差をつけて昇進した。

「なんだあいつ、本当は俺のほうが仕事はできるのに、上司にゴマすって先に係長になったんだ。あいつの下でなんか働けないよ。言うことなんか聞いてやるもんか」などと思うか、逆に「あいつは頑張り屋だからな、昇進して当たり前だよ。俺も負けずにしっかり仕事して認めてもらわなくちゃいけないな」と考えるか……。

要するに何が起きても、その人の、そのときのとらえ方で、幸せにも不幸せにもなるということです。そうしますと、喜怒哀楽という心の多様なあり方は、その人のとらえ方ひとつで変わってくるということになります。

些細《ささい》なことで落ち込んでしまう心、ちょっとしたことで有頂天《うちょうてん》になってしまう心。暗い心、明るい心、嘆き悲しむ心、悔し涙をこらえる心、嬉しさいっぱいの心……。心のあり方で変わってくる人生。そんなことを本書では考えてみたいと思います。

また、私たち人間の心のなかに存在する魂の力の不思議さについても、言及してみたいと思います。
皆さんが明るく、朗《ほが》らか、生き生きと、前向きに物事を考え、幸せな人生を手にされるようお祈りいたします。

平成二十八年十二月

隈本正二郎

大霊界真書　もくじ

ご聖言の壱

魂の発する言葉は幸せを招くなり

ご聖言の弐

魂は力なり　神は愛なり

ご聖言の参

心眼正しければ道おのずから極まる

ご聖言の四

神に愛される心抱くは神へ至る一歩なり

ご聖言の壱

魂の発する言葉は幸せを招くなり

聖

言葉は魂の叫びなり
言葉は暮しの光なり
言葉は道の行く手を明るく照らすなり
言葉が咲かす花
これ笑みの花なり
心して散らすべからず

「ありがとう」「ごめんなさい」は言葉にして伝えよう

ある日、古くからの友人が久し振りに私を訪ねてきました。いろいろと昔話に花を咲かせていたときのこと、ふと思い出したように彼が言いました。

「このあいだ姪が結婚してねえ、僕も伯父として出席したんだが、披露宴で新郎新婦が挨拶にテーブルを回ってきたとき、僕は二人にこういったんだよ。夫婦のあいだでも『ありがとう』『ごめんなさい』は言葉に出して言うことが大事だよ。きっと幸せになれるからと。これでよかったかなあ」

「よかったんじゃないか。きっと二人とも君の気持ちをわかってくれたと思うよ」

私は彼にそう答えました。感謝の気持ちをはっきりと表わす「ありがとう」。自分の間違いをきちんと謝罪する「ごめんなさい」。これはとても大事な言葉だと思います。だからこそしっかりと声に出して相手に伝えるべきです。

以心伝心《いしんでんしん》という言葉があります。口で言わなくてもお互いに相手の気持ちがわかるということですが、これは例えば十年、二十年、三十年と共に苦労を分かち合った夫婦に言えることで、新婚ほやほやの若い夫婦にとってはまだまだ先の話です。

また、辛い仕事を一緒に成し遂げた仲間同士や、長いあいだ一緒に格闘技などに取り組んだ友達同士にも、この以心伝心ということはあり得ますが、それも相当深い付き合いをした者同士でなくては無理でしょう。

というよりも、わかり合っている者同士のあいだでも、やはり「ありがとう」「ごめんなさい」は言葉に出して言うべきものだと私は思っています。今は御魂《みたま》となって天界にある日本神霊学研究会教祖隈本確《くまもとあきら》すなわち私の父は、現世にあった頃、例えば「正二郎、すまないが新聞を取ってくれないか」と言われて私が持って行って手渡すと、必ず「ありがとう」と言ってくれました。私が子供の頃から父は幼い私にも「ありがとう」と言うことは忘れませんでした。なにかをしてもらったら「ありがとう」と言う。これは無意識のうちに父が私に与えた教訓だったと思っています。

そしてまた、日本神霊学研究会（以後日神会と略す）において、霊能力者を集めたミーティングなどで冗談を言って、ある霊能力者をからかったときなど、父はすぐに「ごめんなさいね」と謝っていました。自分が他者に対して不愉快な思いをさせたとき、あるいは自分が間違ったことをしたとき、勘違いをして人を叱ってしまったときなど、自分の間違いを素直に認めて「ごめんなさい」と謝ることはとても重要なことです。日神会においても家庭においても、父は必ず「ありがとう」「ごめんなさい」を欠かしませんでした。感謝と反省。私たちが社会で生きていくためにとても大切な心のあり方です。

若い頃、熱血漢《ねっけつかん》だった父には失敗談がいくつもあって、あるときなどバーで飲み過ぎて店のオーナーと言い合いをしてしまったことがあったそうです。翌日二日酔いで目覚めた父は徹底的に反省し、その日の夕方、一升瓶《びん》を持ってその店に出かけ「昨夜は本当にすみませんでした」と平身低頭謝ったと言っていました。

自分の間違いを絶対にそのままにしない。すぐに反省し、すぐに謝罪する。これが父の決して譲れない信条だったのでしょう。

日神会では来会されて浄霊を受けられた方々から体験談をお話しいただくことにしておりますが、ある高齢者の男性がこんなことを言っておられました。

「いつもお力を頂く『聖《ひじり》の親様』（68ページ註1参照）に対してはもちろん、どんな人にも、どんなことにも最近は感謝の気持ちが溢《あふ》れてたまりません。どうしてその感謝の気持ちを表わしたらよいかと悩んでいました。結局は『ありがとうございます』という言葉に心を込めるしかないのですね。

私は人様に対する浄霊《じょうれい》（68ページ註2参照）もさせていただいていますが、浄霊によって相手の方の症状が無くなって喜ばれたときなど、神様のお力に対してばかりでなく、その方に対しても感謝の想いが湧いてきます。そして『ありがとうございました』と真心から伝えないではいられません」

素晴らしい人だなと私は思いました。感謝の想いの深さには限りがありません。どんなに感謝しても感謝しきれない想い。「ありがたくてお礼の申し上げようもございません」などとよく言いますが、やはり「ありがとう」しかないのではないでしょうか。

皆さんはいかがですか。年長の人に対してばかりでなく、目下の人に対しても「ありがとう」「ごめんなさい」を実行しておられますか。ちょっとした心の行き違いでぎこちなくなった人間関係も、この言葉できっと元どおりの友好関係に戻っていくと私は信じます。そうしてお互いが温かく幸せな気分になることができたら、どんなに嬉しく幸せなことでしょう。

感謝と謝罪をないがしろにしていたなと感じられたら、ぜひ実行してみてください。職場でも家庭でもきっと人間同士のつながりが深くなっていくはずです。

独りでは生きられないのが私たち人間です。人様との絆《きずな》をしっかりと結ぶ。それがもっとも大切なことではないでしょうか。

明るい挨拶「おはよう！」で一日をスタートさせよう

皆さんは、朝、目が覚めてご家族と顔を合わせたとき、「おはよう」あるいは「おはようございます」と元気に挨拶しておられますか。お祖父ちゃん、お祖母ちゃん、ご両親、子供さん、お孫さん、それぞれに明るく朝の挨拶をしたら、その日一日爽やかな気持ちで過ごせるのではないでしょうか。

職場に出勤する。上司に「おはようございます」、同僚や部下に「おはよう」と明るく元気に声かけをする。これでその日の仕事はスムーズに運ぶはずです。それも口先だけではいけません。本当に「さあ、今日もみんなで頑張ろう！」という心のこもった挨拶でなければ意味がありません。仕方なく投げやりに「おはようございま～す」では、相手もやる気をなくしてしまうでしょう。

かつてある会社の社長さんが教祖隈本確にこんなことを訴えていました。

「おたくの会は素晴らしいですなぁ。職員の皆さんがとても明るくて素直で笑顔を絶やさない。こちらへ伺うとほっとしますよ。うちの会社では、社員が私の顔を見ても挨拶ひとつしないんです。朝だって知らん顔をしているか、「おはようございます」と一応口にしてもなんともぶっきらぼうな言い方で不愉快極《きわ》まりない。どうにかなりませんかね」

しばしの沈黙のあと、教祖はこうアドバイスしていました。

「社長さん、あなたのほうから声をかけてみたらどうですか」

たしかに「俺は社長だ。どうして社員である君たちのほうから挨拶しないんだ」というような傲慢《ごうまん》で横柄《おうへい》な態度では、社員も社長を慕《した》う気持ちなど持てるはずがありません。社長を尊敬することもなかなか難しいことでしょう。そんな会社の雰囲気で仕事がうまくできるはずはありませんね。

その社長さんが後日また教祖を訪ねてきてお礼を言っておられました。

「いやあ、先生ありがとうございました。先生がおっしゃるように私のほうから『おはよう、今日もよろしく頼むよ』と社員たちに声をかけるようにしたら、最初は戸惑っていた社員たちも、『おはようございます』と明るく答えてくれるようになりました。そして今では朝出社した私の顔を見ると、『社長！』と言ってそばに寄ってきて『おはようございます。今日も頑張ります』とにこにこ挨拶してくれるようになったのです。先生のご忠告のおかげです。ありがとうございました」

「それはよかったですね」

教祖もにっこり笑ってとても嬉しそうにしていました。

人間には心を表わす言葉という素敵《すてき》な道具があります。その言葉に真心をこめて相手の方に伝えること。それがどんなに社会を明るいものにするか、おわかりいただけると思います。「お疲れさま」「また明日」「さようなら」。これも同じことです。お互いに真心を持って言葉をかけ合えば、人間関係でのトラブルなど起きなくなるのではないでしょうか。そうした職場であれば、いじめが入り込む余地もないのではないでしょうか。

聖徳太子とゆで卵の切り方？

「和を以《も》って貴《とうと》しと為《な》す」。この言葉は日本史の教科書にも必ず載っているので、目にしたり耳にしたりした方も多いかと思います。これは西暦604年に聖徳太《しょうとくたい》子《し》が定められた憲法十七条のうちの第一条にある言葉ですね。三省堂の「故事ことわざ辞典」によれば「何事をなすにも、人々相和して行うのが最も貴いのである」という意味です。

また、今度は俗なことわざですが「丸い卵も切りようで四角、物も言いようで角が立つ」という言葉もあります。「同じことでも話し方によって、相手に不快に聞こえて感情を害する（前記故事ことわざ辞典による）」ということですね。

なぜ唐突《とうとつ》にこの二つの言葉をあげたかといいますと、どこかに共通するものがあるように思えるからです。物事を決めるとき、対立する立場の人間が角《つの》を突き合わせ、言い争いを繰り返していては、まとまる話もまとまりません。お互いを思いやり、穏やかに話し合って物事を決めていく。これはなかなか難しいことですが、平和のためには大切なことだと思います。また「物の言いよう」もとても大事です。

例えば、電車のなかでシルバーシートに座っている若者がいたとします。あなたはその前に立っていて、途中の駅からお年寄りが乗ってきたとき、あなたはどうしますか。仮にあなたが、お年寄りに席を譲るよう若者に注意しようと思ったとします。

「君、ここはシルバーシートなんだよ。このおばあさんに席を譲りたまえ」と、ちょっと居丈高《いたけだか》に言ったら若者はどう感じるでしょう。「うるせえなあ、どきゃあいいんだろ、どきゃあ」などというふて腐れた態度で立ち上がるかもしれません。下手をすると無視されるかもしれません。言い方を変えてみましょう。

「君、このおばあさんはどうも足腰が悪くて辛そうだ。どうだろう、席を譲ってやってくれないかな」

このような柔らかな言い方のほうが、若者も素直に立ち上がる気持ちになるのではないでしょうか。

日曜日、部屋の掃除をしようと掃除機を持って入っていくと、夫が畳の上に寝そべって新聞を読んでいる。

「あなた、いつまでゴロゴロしているのよ。掃除の邪魔《じゃま》でしょ。早くどいて！」

ご主人はどう思うでしょう。

「あなた、新聞を読んでいるところを申し訳ないけど、私、掃除機をかけたいの。ちょっと場所をあけてくれないかしら」

「おお、すまなかったな」とご主人はすっと別の部屋に移動してくれることでしょう。

夏休み、子供さんがスマホで遊んでばかりで少しも勉強をしようとしない。

「なにやってんの。いつまでも遊んでないで宿題をしなさいよ！　ちゃんと勉強しないといい高校へはいけないいんだからね。わかってるの。聞いてるの」

子供さんは「うるさいなあ」と思うでしょう。

「スマホもゲームもいいけど、少しは勉強もしないとあとであなたが困るわよ。夏休みの最後になって慌てて宿題を片付けるのは大変でしょ」

これなら「わかったよ、やるよ」と、子供さんも少しは素直に聞いてくれるのではないでしょうか。

シルバーシートに座っている若者への不愉快な気持ち、寝転んでいる夫への不満の気持ち、勉強をしない子供への苛立《いらだ》ち……、それがぎすぎすした言葉にこもっていたら、言われた相手もよい気持ちはしません。逆に反発心を起こすかもしれません。「物も言いようで角が立つ」というのはここです。

職場でも同じことです。上司が部下を呼びつけて報告書の不備を叱《しか》っています。

「なんだね、君、この報告書はまるでなってないじゃないか。いったい君は何年この仕事をやっているんだ。いい加減にしてくれよ。時間ばかりかけて、仕事はちっともはかどらないじゃないか」

そう言って部下の出した報告書をバシッと机に叩《たた》き付けたら、部下はどう思うでしょうか。素直に反省する気持ちになるでしょうか。

あなたの前にたくさんの伝票が積み上げられて、あなたは必死でそれを計算し整理しています。隣では同僚の女性が仕事中にもかかわらず爪《つめ》を磨いています。

「ちょっと、あなたさあ、私の状況わかってるでしょ。見てないふりなんかしてないで少しは手伝ってくれたらどう？　仕事中に爪なんか磨いて……。課長に言いつけるわよ」

同僚は「ふん」とばかり横を向いてしまうかもしれません。

これでは職場に「和」など醸《かも》し出されるわけがありません。重苦しい不愉快な職場になってしまうでしょう。人間関係もぎくしゃくしてくるに違いありません。

「物は言いようで角が立つ」ということですね。

要するに、お互いを大事にし、思いやりの心を持ち、相手の心を考えて言葉を発すること。簡単なことのようで、日常的にはなかなか難しいことなのでしょうか。

聖徳太子が大切なこととして第一条に掲げた「和を以って貴しと為す」。思いやりのある話し合いで物事を解決する。これが国際紛争などの場でも成り立てば、世界平和も夢ではなくなるのでしょうが、なかなか政治的な問題は難しいもので、現在の世界情勢を見ても紛争は広がるばかりのようです。せめて家庭のなか、職場のなか、地域社会のなかだけでも「和」を大事にしたいものです。「和」は「平和」の「和」。また、「和」は「輪」につながります。思いやりの心を持って人と接し、思いやりの輪を広げていく。これが平和と幸せへの第一歩ではないでしょうか。

厳しく叱ってくれる先生のほうが大好きだった

若い皆さんはもちろん、1965年（昭和40年）生まれの私にとっても歴史の教科書で知るくらいの遠い昔のことですが、戦前、戦中にかけては「教育勅語《ちょくご》」というものがあって、なにかの式典のときには校長先生が白い手袋をして、おもむろに広げて読み上げていたそうです。「勅語」ですから、天皇陛下が子供たちに与える言葉ということですね。戦後は民主主義の国となり、そうした古い皇国史《こうこくし》観《かん》に基づいたものはなくなりましたが、なにかの本でその内容を見てみたら、「教育勅語」のなかにこういう一節がありました。「爾臣民《なんじしんみん》父母ニ孝ニ兄弟《けいてい》ニ友《ゆう》ニ夫婦相和《あいわ》シ朋友相信《ほうゆうあいしん》シ……」。

「爾臣民」という呼びかけはじつに皇国史観に基づくもので、当時天皇は現人神《あらひとがみ》で国民は「臣民」だったわけですから、この部分は無視して、それに続く文章を見てみましょう。カタカナをひらがなに直して書いてみると「父母に孝に、兄弟に友に、夫婦相和し、朋友相信じ」となります。

お父さんお母さんには孝行の心を持ちましょう。きょうだいは親しく交わり、夫婦は仲良く、友達同士は信じ合いましょう」というような意味でしょうから、言ってみれば今でも当たり前のことですよね。他の文章は別として、この部分だけは私も納得できるところです。

また、昔は学校の卒業式で必ず「君が代」とともに「仰《あお》げば尊し」という歌が歌われたそうです。年配の人に聞いてみました。

「仰げば尊し我が師の恩、教えの庭にもはや幾年《いくとせ》、思えばいと疾《と》しこの年月、今こそ別れめ、いざさらば」というのが一番の歌詞です。「敬ってみればなんと尊い我が先生の恩であろう、教えをいただいてもう何年になるのでしょうか、振り返ってみればとても速く過ぎたようなこの年月です、今こそおわかれします、さようなら」とでも訳してみましょうか。この歌もどこか封建的であるということで、今では歌われていないようです。しかし、私が思うに先生を敬うというのはこれも当たり前のことではないでしょうか。

私が幼少の頃は、悪いことをしたら先生に厳しく注意を受けるのは当然のことでした。その注意を受けることで「これはいけないこと」「こういうことをしてはいけない」「この心は間違っている」など、学校生活のなかで自然のうちに道徳心、正しい心のあり方を学んでいたように思います。ところが最近は、悪いことをした生徒に先生が厳しく注意すると、親御さんが学校に苦情を言い、先生のほうが処罰を受けるようです。

今でもよく覚えていますが、私が中学校三年生のとき、いたずら盛りのために担任の先生からよく注意を受けました。ある日、何度注意を受けても反発してばかりで反省する様子がなかったため、それこそ目玉が飛び出すほど注意され、何回もビンタを受け、顔がザクロのように腫《は》れ上がりました。家に帰ると父が私を見て「正二郎、その顔はどうしたんだ？」と聞くので、「自分がいたずらばかりして先生の言うことを全然聞かなかったので、何度もビンタをもらったんだよ」と答えました。すると父は「良い先生だね。正二郎も自分が悪いということはわかっているんだね。先生に感謝しなさい」と言いました。

翌日目が覚めると父は「正二郎の間違った心を命がけで正してくれた担任の先生は、きっと大変なことになっているだろう。早く学校へ行ってこれを先生に渡しなさい。そして、今までのこと、昨日のことにきちんとお詫びをしてお礼を言いなさい」と言って、担任の先生への「感謝状」を手渡されました。

学校へ行って職員室へ入ると、職員会議が行われていました。担任の先生の私に対する行き過ぎた指導が問題になっていたのです。私の腫れ上がった顔を見た他の先生方は驚いていましたが、そんなことはどこ吹く風の私は、真っ直ぐに担任の先生のもとへ行き、「先生、今まですみませんでした。昨日はありがとうございました。これは父から預かってきた先生への感謝状です」と言って手渡しました。

この結果、担任の先生はなんの処分、処罰も受けずにすんだのでした。

その日の授業を終えて家に帰ると、父は「感謝状は渡してきたのかい？　あの腫れ方だとまわりの先生方は驚いて、正二郎と私たち両親になんと言って謝ればよいか会議になっていただろう。担任の先生は、私に代わって正二郎の間違った考え、悪い心を正してくれたのだから感謝状を書くのは当たり前のことなんだ」と言って笑っていました。

私は学校での体罰を正しいと言っているのではありません。大怪我《けが》をするような体罰は決してしてはいけないことだと思います。ただ、私は叱ってくれたその先生のことを今でもありがたかったと思っていますし、今でも尊敬しています。これはたしかなことです。

父隈本確もよく懐かしそうに言っていました、「私は厳しく叱ってくれる先生のほうが大好きだったよ」と。父はそういう先生になんでもかんでも質問し、先生が答えてくれるのを楽しみにしていたようです。そして、そういう先生のほうも「隈本」「隈本」と言って可愛がってくれたそうです。

私の三男が小学校一年生のときのこと。授業中におしゃべりをしていた生徒を先生が注意しているのを見て、他の生徒の親御さんが「どうしてそれくらいのことで子供を怒るんですか！」と先生に食ってかかったそうです。間違ったこと、間違った心を正してくれている先生に、平気で苦情を言う身勝手な親御さんのことをモンスターペアレントと呼ぶそうですが、先生の行き過ぎも親御さんの行き過ぎも、どっちもどっちという感も無きにしも非ずというところでしょうか。

愛のムチ、憎しみのムチ

先に学校での体罰について述べました。私は決して体罰を良しとしているわけではないということも述べました。では、親御さんが子供さんを躾《しつけ》のために叱るときはどうでしょう。ある女性の方は昔を思い出してこんな話をしてくれました。

その方のお父さんは英文学が好きでよくイギリスの作家の本を読んでいたそう

ですが、ある本のなかに子供を叱るときにはお尻を打つということがあって、お父さんはその女性がなにか悪いことをしたときには必ず片手で抱き上げてお尻をパシッパシッと打ったそうです。そのお父さんは十何年も前に亡くなっているのですが、今でもそのことを思い出すと父親の愛情を感じると彼女は言っていました。これが愛のムチというものではないでしょうか。

また、これも六十代のある女性から聞いたことですが、その方が小さい頃、今は亡きお母さんに言ってしまったことを未だに心にかけているというお話です。

その方が小学生の頃、その方の下に弟さん、妹さんと三人の子供さんの育児、夫であるその方のお父さんの世話、家事雑事に追われてお母さんはいつも忙しく働いていました。現在と違って電化製品があるわけではなく、当時の主婦の仕事はとても大変なものでした。それでお母さんはいつもイライラしていたのでしょう。

あるときお風呂の掃除をしていて、溜りに溜った苛立《いらだ》ちに耐え切れず、浴槽のふたをバン！と力いっぱい閉めてしまいました。その方は大人になるまで忘れていたそうですが、そのとき子供だったその方はお母さんに「時々私たちがお風呂のふたになるのよね」と言ったのだそうです。「あのときははっとしたね」と高齢になったお母さんにしみじみ話された女性は、その頃の自分の生意気さに申し訳ない気持ちになったそうです。

「母を思い出すといつもそのことが心を締《し》め付けます」というその女性の気持ちは亡きお母さんへの想いそのものなのですが、それはそれとして、子供というのは侮《あなど》れないものです。その方は子供心にも母親が自分のイライラを子供にぶつけていることをちゃんと見抜いていたのでした。小さな子供にも心はありますから、相手の言葉や行動の裏にある心の状態を察知することはできるのです。自分の不満を子供さんにぶつけては躾《しつけ》どころではありませんね。これでは憎しみのムチになってしまいます。このお母さんは自分で反省できたからよかったのですが、さて、現在大きな社会問題になっている我が子への虐待《ぎゃくたい》はどうして起こるのでしょうか。不満やイライラを子供にぶつけるというだけでも褒《ほ》められた行為ではありませんが、幼児虐待は許容の範囲を超えています。

どうして自分たちが産んだ可愛い子供に暴言を吐いたり、暴力をふるったりできるのでしょう。私にはとても理解できません。若い夫婦が赤ちゃんを車に残したままパチンコに興じていて、車のなかの赤ちゃんが脱水症状で亡くなったという事件が以前あったように思いますし、今では子供に食事を与えない、育児を放棄して産みっぱなし、邪魔扱いにして憎しみのムチをふるって泣かせっぱなし……これはまさしく悪魔の所業というしかありません。いったいどういう心を持っていたら、こんなひどいことができるのでしょう。

こうした親たちは「躾をしていたのです」とよく弁解するようですが、頭を打って怪我をさせたり、それがもとで幼児が亡くなったり、そんなことも多々起きているようです。「躾」が聞いてあきれますね。「子供は天からの授《さず》かりもの」と言います。その大切な授かりものをないがしろにし、それどころが大切な子供を虐待する……。決してあってはならないことです。

そしてまた夫が妻に暴力を振るう。あるいは息子が暴れて親に暴力を振るう。昔、金属バットで父親を殴り殺したという事件もありました。家庭崩壊とか学級崩壊とかという言葉も以前よく使われていました。いったい今の世の中なにがどうなっているのでしょう。人間同士、夫婦、家族、この大切な絆はどこへ行ってしまったのでしょうか。

こうした家庭内暴力、いわゆるＤＶ（ドメスティック・バイオレンス）ばかりではありません。ここ数年、動機のはっきりしない悪質な殺人事件が後を絶ちません。突然、車で歩道に乗り上げて次々と人をはねていく。繁華街で刃物を振り回し多数の死傷者を出す。介護施設で高齢者をベランダから突き落として殺害する。少年が自分より年少の子供を殺傷する。障碍者《しょうがいしゃ》の施設に乱入して刃物で多数の人たちを殺傷する……。とても許すことはできません。

これらの犯罪は人間のできるものではなく、悪魔の所業としか言いようがありません。現にある事件では「殺せ」という声が聞こえたと供述している犯罪者もいるとのことで、私たち霊能力者からみると、実際に悪霊《あくりょう》がその人の心を支配している場合もあるのではないかと思われます。

認知症のある父親の介護に疲れて、すまないと思いながらも大事な父親を殺してしまった。病に苦しむ妻が可哀そうで、頼まれるままに首を絞《し》めた……。こうした事件についてはまだ同情の余地があるでしょうが、ただ「むしゃくしゃしたから」とか「人を殺してみたかったから」とか「こんな人たちは生きていても仕方がない」、あるいは「人を殺して死刑になりたかったから」などという理由で殺人を犯《おか》すなどもってのほかです。いったい人の命をなんだと思っているのでしょう。すべての人間はみな神から頂いた大切な命を生きているのです。そこに差別は存在しません。

人間ばかりではありません。この世に生きとし生けるものがみな神から頂いた命を生きているのです。会社で頭にきたことがあったから、家に帰って奥さんに当たったり、ペットの猫を蹴飛《けと》ばしたり、投げつけたりする……。これは言ってみれば自分の心の弱さを表わす恥ずかしい行為でしょう。強い心を持っていれば、腹立たしいことがあっても自分の胸に納《おさ》めて、他のものにイライラをぶつけることなどしないはずだからです。

「愛のムチ、憎しみのムチ」とは関係のない話になってしまいましたが、要するに人間のあるべき姿、あるべき心の持ち方、そうしたことに私は想いを馳《は》せているのです。私自身が少年期に受けた体罰については先に述べました。そしてその体罰を与えた先生を尊敬していることも述べました。今でもその頃のことは懐かしく思い出します。

つまり、多少の行き過ぎはあったにしろ、その先生には私の心の間違いをなんとか直してやりたいという強い想いがあり、そのために愛のムチを与えてくれたからではないでしょうか。真心のこもった愛のムチであれば、子供にはわかります。そのときは思わず反発したとしても、のちに自分の行為を振り返り、きっと反省してくれるはずだと私は思うのです。

人を傷つける言葉、幸せにする言葉、感謝の言葉

DVと並んで気になることに「いじめ」の問題があります。面と向かって多数

の子供たちが一人の子供に対して悪口雑言《あっこうぞうごん》を吐いていじめる。ときには手を出していじめる。さらにはメールを通じて「死ね」などという言葉を送り続けていじめる。そのために死を選ぶ子供たちも出ているようです。このいわば卑怯《ひきょう》ともいえる行為を平気で行っている子供たちが、そのまま大人になっていったら、そしてそういう大人たちが増えていったら、この社会はいったいどうなってしまうのでしょう。

実際、大人の社会でもいじめは蔓延《まんえん》しているようです。あるうつ病の患者さんに聞いたところでは、ダンス教室でいじめにあって、それからうつ病が発症したとのことでした。その方が他の人たちよりも上達が早かったために嫉妬《しっと》されたようなのです。信じられないようなことですが、それが現実に起こっているのです。現代の社会、人の心はどこへ向かっているのでしょう。本来あるべき心の姿はどこへ消えてしまうのでしょう。

相手を傷つける言葉、相手にいやな想いを抱かせる言葉、相手を恨《うら》む言葉、そうした言葉は当然そのような心から発せられます。そんな心を持っていて果たしてその人は幸せでしょうか。人間は独りでは生きられません。他の人とつながって生きているのです。社会のなかで生きているのです。その社会が明るいものになるか暗いものになるか、下手をして危険なものになるか、それは私たち一人ひとりの心の持ち方にかかっているのです。その心のあり方がどうもおかしくなっているのではないか。それが私には気になって仕方がないのです。

現在、若い人たちの必需品となっているケータイやメール。これがいじめの道具になるか、あるいは人を明るい心にさせる道具となるか、これも気になるところです。先ほど述べたようないじめの言葉はもってのほかですが、逆に例えば受験に失敗して落ち込んでいるとき、友達からのメールで励まされることもあるでしょう。また、面と向かっては言えなかった「ごめんなさい」という言葉をメールで送ることで、仲たがいをしてしまった友達との友情が取り戻せることもあるでしょう。

要するに、言葉にはその人の想いが込められているのですから、その想いを伝える手段としてケータイを使おうが声に出して直接話そうが、どちらでもよいことはたしかです。ただ、その言葉によって相手を幸せにも、不幸せにもするということを知っておいていただきたいのです。

ある女性がこんなことを話してくれました。その方は首都圏に住まいしており、お母さんは地方で一人暮らしをなさっているのですが、あるとき電話でお母さんが怒っていたというのです。ある地方紙の投書欄に学校給食のことが載っていて、給食費を払っているのにどうして「頂きます」と言わなければならないのだろうと、そんな意見が平気で掲載されていたと、お母さんは驚きとともに怒りを覚えたそうです。食事をするときに「頂きます」と言うのは当然のことではないかというわけです。

皆さんは食事の前に「頂きます」と手を合わせますか。「頂きます」と言ってからお箸《はし》を持ちますよね。食べ物はいわば天からの恵《めぐみ》です。お天道様の恩恵を受けて育った生物の命を頂くのです。お米や野菜は農家の人たちが心を込めて栽培します。お魚もお肉も天からもらった命を生きた生物です。そうした食物はいろいろな人の手を経て食卓に並んでいるのです。こうして天から頂いた命を食して私たちは生きていくのですから、食事の前に「頂きます」と手を合わせるのは極めて自然なことなのではないでしょうか。その投書をなさった方がどう考えているのかわかりませんが、私はその話をお聞きしてただ唖然《あぜん》としてしまいました。「今日も天からの恵みである命を頂いて生きることができます。ありがとうございます」という感謝の想いを忘れているのではないでしょうか。感謝。これほど大事な心はじつはないのです。

昔の人は山林で木を切ったり、イノシシやクマを撃ち殺して衣料や食料にしたりするとき、山の神様にお詫びとお礼を言いました。そして感謝の心を込めたお祭りもしたのです。お米が採れればまず神様に供えてお礼を申し上げ、収穫祭で感謝の想いを表わしました。漁師さんたちは海の恵みに感謝し、大漁祭などを行います。山の神、海の神、私たちに命を与えてくれるすべての自然に対して「神」を感じ、「神」を祀《まつ》ったのです。こうした謙虚な心はどこへ行ってしまったのでしょう。

苦手な人にこそ声をかけよう

首都圏に住んでいるある女性の話です。その方は夫と二人で十数年前から公営の団地で暮らしているのですが、入居した当初から、エレベーターのなかや玄関ロビーなどで出会った人には「こんにちは」と声をかけるようにしてきたそうです。ところが、その挨拶に対して返事をしてくれない人が何人もいて、ちょっと戸惑ったということでした。なかでもある年配の女性などは、「こんにちは」と言うその方を無視するような態度で、笑顔さえ見せてくれません。いやな人だなと内心思いながら、それでも出会うたびに「こんにちは」は欠かしませんでした。

あるとき、その女性が小さな女の子を抱いてエレベーターに乗っているのに出会い、いつもの「こんにちは」に続けて「可愛いお子さんですね。お孫さんですか？」と声をかけてみました。すると珍しくその女性もにっこり笑って頷《うなづ》き「こんにちは」と言葉を返してくれたのです。声をかけたその方もとても嬉しくなって、幸せな気分で女性と子供さんに手を振って別れたそうです。以来、その女性は顔を合わせるたびに「こんにちは」に対して「こんにちは」を返してくれるようになったということです。

　また、同じ方に聞いたことですが、その団地にちょっと無愛想な中年男性がいて、その男性は建物のまわりの植木などの手入れをボランティアでよくしてくれて、じつはとてもよい人なのですが、どうも態度が横柄で「俺が手入れしてやっているんだ。俺がこの団地の面倒を見ているんだ」というような傲慢さが表情に出ているような人なのだそうです。この男性には威圧感《いあつかん》もあってなかなか近づきがたく、その方もなかなか声をかけられませんでした。それで、その男性に会うのをなんとなく避《さ》けるような行動をとってしまい、これではいけないと思ってはいたそうです。

　ある日、団地まわりの道路で草取りをしているその男性と目が合ってしまったその方は、思い切って「こんにちは。いつもありがとうございます」と挨拶をしてみました。とたんに男性はあれこれと誰彼の悪口などを並べ立て始めました。その方は「ああ、声をかけるんじゃなかった」とふと思いましたが、黙ってその男性の話に相槌《あいづち》をうっていました。「これだから良いことをしているのに、誰からも好かれないんだな」と、なんだかその男性が可哀そうになったその方は、それでもまた顔を合わせたときには「こんにちは」と声をかけるのをやめませんでした。何年か経って、ある夕方その男性に出会ったとき、今度はその男性のほうから「元気かね？」と声をかけてきたそうです。「はい、なんとかやってます」と答えると、「元気ならいい。元気ならいい」と言ってにこにこと去っていったそうです。少しは変わってくれたのかなと、その方もちょっぴり嬉しくなったということでした。

人間は社会のなかで他者と関係を持ちながら生きていかなくてはなりません。同じ団地の五十代のある女性は、誰にでもにこにこと挨拶をし、「元気？」と向こうから声をかけてくれるそうです。明るいその方に出会うと、別れたあともなにか勇気が出てくるのだとその方は言っていました。人付き合いというのはなかなか難しいことですが、せめて「こんにちは」と声をかけ合うことだけは大事にしたいものだと思います。

また、これはある編集の下請け会社に勤める女性の話ですが、彼女は三十代から勤務していた会社が解散となり、四十歳を超してから再就職でその会社に入ったそうです。ある程度慣れた仕事でしたのでなんとか仕事はこなせると思っていたところ、ある業者さんに頼まれた仕事を一応仕上げて届けに行ったら、「君、素人《しろうと》じゃないんだろう。なんだ、この仕事は」と見事にやり直しを命じられました。言われてみればたしかに彼女のやり方にはちょっとしたミスがあったのです。しかし「なにもあんなに冷たい態度で文句を言わなくてもいいのに」という想いが心に湧いてきて、「たぶん私は不満顔でその会社を辞《じ》したと思うんです」と彼女は当時を思い出して話していました。やむなく仕事を自社へ持ち帰った彼女は残業をしてなんとか仕事をやり直し、翌朝早くにまた発注元に届けに行きました。そのとき彼女は反省の想いをこめて「昨日はすみませんでした。これではいかがでしょう。なにぶん私はまだまだ未熟者ですので、これからはいろいろと教えていただきたいと思います。よろしくお願いします」と頭を下げたそうです。そうすると前日は横柄だった相手の業者の方の態度が柔らかく変わって「これならいいよ。これからもよろしく。君も頑張ってね」と温かい言葉をかけてくれたということでした。

人間は神様ではありませんので、どうしても人の好き嫌いが出てきます。気の合う人もいれば、どうも苦手な人にも出会うことでしょう。それを乗り越えてより良い人間関係を築いていくためには、それなりの努力が必要です。と同時に、自分中心ではなく相手の立場や想いを察していくという作業も必要になります。

視野を広くする、言い換えれば心を広く温かいものにしていくことも大切になります。反発、不満、落ち込みなどに捕らわれてしまいがちな人間ですから、言葉で言うほどに簡単なことではないでしょう。それでも社会で生きていくためには、そして社会を明るく健全なものにしていくには、そうした努力は欠かせません。苦手な人にこそ声をかけ、お互いに理解し合えるよう努めてはいかがでしょう。

誰もがにこやかに挨拶を交わし、みんなが幸せな気持ちで生きていける職場、社会。これを実現させるのはとても難しいことには違いありませんが、それでも一人ひとりの人間の心がけ次第では、決して夢物語には終わらないと私は思うのです。

会話は心のキャッチボール

あるおばあちゃんがこんなことを言っていました。おばあちゃんは持病を持っていて、定期的に病院へ通っています。それで最近、病院での受付の仕方や支払い方法が変わって、カルテは電子カルテになり、受付も支払いも機械が行うようになったとのこと。診察券を受付機械に入れ、画面を見ながらキーの操作をして受付をすますのは、高齢者にとっては便利どころかかえってわかりにくく、面倒になったとおばあちゃんは困っていました。

支払いも自動支払機ですから、機械の前に立つと「診察券をお入れください」と機械が話し、「画面を確認してください」「よろしかったら確認ボタンを押してください」と指示を出し、次々に機械の言うとおりに操作をして入金すると「明細書と領収書をお取りください」「おつりをお取りください」となって、おつりを取り出すと最後に機械が「お大事に」と話すのだそうです。かつての自動販売機の声と違ってすこしは人間っぽい声で話はするそうですが、機械に「お大事に」と言われてもなにかピンとこないというか、嬉しくないというか、どうも変な気持ちになるのですと、おばあちゃんは言っていました。お医者さんや看護師さんに「お大事に」と肉声で伝えられた方がずっと嬉しいと。

やはり言葉というのは、対面して顔を見ながら交し合うのが一番ではないでしょうか。それであれば相手の人の表情や態度もすぐにわかりますし、安心して会話ができるというものです。ただ、例えばコンビニなどでアルバイトの若者が「いらっしゃいませ」「ありがとうございました」と言うとき、なかには心がこもっていない言葉、機械が話しているような錯覚にとらわれるような言葉かけが気になるときがあります。店員さんはマニュアルどおりに口に出しているのでしょうが、私にしてもどこかコンビニ言葉にはなじめないような気がしてなりません。どうしてなのでしょうか。

「こんにちは」「あら、こんにちは」。「お元気？」「ありがとう。元気よ。あなたは？」「元気、元気、大元気！」。このように笑顔を浮かべながら言葉を交わす。これが人間同士の会話です。言葉には心がこもっています。会話は心のキャッチボールだと私は思っています。ですから、先ほどのおばあちゃんが、機械の「お大事に」という声に違和感を持つのも当然なのです。

ただし、キャッチボールである限り、相手の投げたボールを受けそこなうこともあるわけで、ちょっとした心の行き違いで言葉も空々《そらぞら》しいものになってしまいます。「相手の目を見て話しなさい」とはよく言われることですが、きちんと相手と目線を合わせて話をすれば、お互いの心がよく伝わることは間違いのないことだと思います。そうは言っても人間は動物ですから、相手を憎んだり蔑《さげす》んだりすることもあるでしょうし、相手に引け目を感じたり不愉快な感じを受けたりすることもあるでしょう。言葉の選び方を間違って相手と仲たがいをしてしまうこともあるでしょう。それを契機に気まずい関係に陥《おちい》らないとも限りません。そんなことにならないためにはどうしたらよいのでしょうか。自分のほうがまず謙虚な心を持つこと、礼儀正しくすること、傲慢や高姿勢の態度を慎《つつし》むこと、そして何よりも相手を大切にする心を持つことが大事になってくるのではないでしょうか。

頭の言葉、心の言葉、頭と心をつなぐ魂の力

先ほど述べたコンビニ言葉ですが、どうして心に温かく伝わってこないのか私なりに考えてみました。マニュアルどおりというのが、どうも曲者《くせもの》のような気がします。会話というのはその時々の相手の言葉、表情、態度に応じて、こちらも反応して心の動きに応じた言葉を発します。心のキャッチボールとはそういうことなのですが、コンビニ言葉には往々にして心がこもっていない場合が多いのではないでしょうか。だからキャッチボールができないのです。マニュアルに忠実であるばかりに、自動販売機と同じことになってしまいがちなのではないでしょ

うか。

あえて分けるとしたら、言葉には頭から出る言葉と心から出る言葉があります。難しい計算は頭の知恵で行います。「一足す一は二です」と答えるのも頭の言葉でしょう。マニュアルに従った言葉は、ひょっとしてこの頭から出る言葉になっているのではないか。そんな気がしてなりません。「お大事に」の言葉も心から出るからこそ、患者さんに優しさが伝わりますし、安心感も与えることができるのです。

わかりやすく説明するために、頭の言葉、心の言葉と分けてみましたが、実際にはこの二つははっきりと区別することはできません。「一足す一は二です」という答えを述べるにも、平静さとか不安感とか、あるいは相手への不信感とか信頼感とか、いろいろな心のあり方が重なっています。言葉はもちろん頭で考えて構成され外部に発信されます。その頭に「こういうことを話してほしい」と発信するのは心です。ですから、普通人間が発する言葉はすべて心の言葉といってもよいことになります。

さて、心に想ったことを頭に伝え、頭が言葉として構成して外部に声として発信する。この頭と心のつながりを中継しているのはいったいなんでしょう。

それがその人の魂《たましい》という存在なのです。魂というと「なにそれ？」と思う方も多いかもしれませんが、人間一人ひとりにはそれぞれに魂というものがあるのです。「刀は武士の魂」とか「一寸の虫にも五分の魂」と言うときの「魂」です。野球中継などでも「今の一球には魂がこもっていましたねえ」などと言いますし、格闘技などでも「闘魂《とうこん》」つまり闘う魂ということが言われます。人を傷つける言葉、人を幸せにする言葉については先にも述べましたが、その言葉の力のうしろには心の力があり、そのまた背後には言葉と心をしっかりと支える魂の力というものがあるのです。言い換えれば言葉とは魂の想いの発信なのです。

人間には肉体と心と魂があります。魂は肉体のなかにあって心の成長に伴って自らも育《はぐく》まれていきます。傲慢だったり高姿勢だったり、横柄だったり横着だったりする心のなかで成長した魂は悲惨なことになります。「魂が抜けたような状態」などとも言いますが、実際に魂は人の体から抜けてしまうことがあります。怖がらせるわけではありませんが、自分が内在している人間の心があまりにも汚《けが》れたものになったとき、魂はその心を嫌ってその人から離脱してしまうのです。

この人間のなかにいたのでは自分は清らかな魂として成長できない、肉体が死を迎えて魂だけの存在となった将来、清浄なる天界に上がっていくことはできない。そう判断したとき、魂はその人間を見限るのです。ここでは述べるのを控えますが、魂が抜けた状態というのはじつに悲惨なものです。ですから、自らの魂に嫌われないように、清らかな心、美しい心、他の人を思いやる慈《いつく》しみと愛に満ちた心を持つことが大切になってくるのです。

明るく、朗らか、生き生きと毎日を過ごそう

私が聖師教を務める日神会では「明るく、朗らか、生き生き」をモットーにしています。明るい心からは明るい表情、明るい言葉が発せられますし、朗らかな心を持てば些細《ささい》なことで落ち込むこともなくなります。また、生き生きとした心

から発せられた言葉には力強い生命力が込められ、相手にも元気、溌剌《はつらつ》の想いを与えることができるでしょう。そのことに関連して、一つ二つ、日神会の会員の方から伺ったお話をあげてみましょう。

【閉じられた美容院】

ある五十代の女性の方のお話です。ある日、髪をカットしてもらおうと思って行きつけの美容院へ出かけました。すると定休日でもないはずなのにドアに「CLOSED」という札がかかっていました。美容院は閉まっていたのです。どうしたのだろうと首をかしげながら、それでもその日どうしても髪を短くカットしたかったその方は、近くにあるもう一軒の美容院へ行ってみました。そこは開いていたので「こんにちは、初めてなんですけど、いいですか」と声をかけて入りました。

「いらっしゃいませ」という明るい声をかけてくれたのは、中年というにはまだ少し早いくらいの若い女性の美容師さんでした。他のお客様の髪をセットしている男性の美容師さんたちも「いらっしゃい！」と振り向いて笑顔で迎えてくれました。その方は「これだったんだ」と思ったそうです。

以前から通っていた美容院も最初のうちはこういうふうに明るかったのに、なんだか最近はどこか暗い雰囲気があったなと気づいたとのこと。以前からの美容院にはお気に入りの美容師さんがいて、いつもその人にカットしてもらっていたのに、その人が違う町の他の美容院へ移ってしまい、仕方なく他の人に頼んでいたのですが、数人いた美容師さんが行くたびに一人減り、二人減り、というようにいなくなっていきました。最後に二人だけになった美容院はどこか活気がなく、「いらっしゃいませ」という声もどこか暗い感じに変わっていました。どうも居心地が悪くなっていたのでした。

その日初めて入った美容院の明るさに思わずほっとしたその方は、これは照明などのせいではないと思いました。照明のせいではなく、美容師さんたちの明るさのせいだと思ったのです。それまで行きつけだった美容院の人たちに何があったのかはわかりませんし、単に経営上のことで閉めてしまったのかもしれません。

でも、その方は「やはりな」とふと感じたそうです。経営状態が悪くなる、従業員たちの心が暗くなる、さらにお客さんが減ってくる、その悪循環がお店を閉める原因になったのではないかと考えました。

「明るく、朗らか、生き生き」。これは美容院に限ったことではなく、どんなお店にも、どんな会社にも言えることだと思います。先ほどの方はじつは軽いうつ病があるとお医者様に言われて薬も処方されている方だったのですが、初めて入った美容院の明るさに、ついつい自分の若い頃の話などを朗らかに話し出していました。いつもは美容院などでそんなにおしゃべりをする人ではなかったのに、自分でも呆《あき》れるほど次から次へと美容師さんに話しかけ、まるで病気が治ったかのような明るい気持ちで「ありがとう！」と言って美容院を出ました。ウキウキした心持で家路をたどりながら、その方は「今度からあの美容院にしよう」と決めたそうです。

【明るいパン屋さん】

これはある独り暮らしのおばあちゃんに聞いた話です。独り暮らしと言っても近くに息子さん夫婦が住んでいて、時々お嫁さんが世話をしに来てくれているので、さほど寂しくはないとのことでした。それにそのおばあちゃんには毎日楽しみにしていることがあったのです。

「おばあちゃん、こんにちは。今日はどうですか？」と言って声をかけてくれる女性のパン屋さんが来るのを待っているのです。パン屋さんといってもお店を持っているわけではなく、製造所からいろいろなパンを仕入れて車で販売して回っている女性です。この女性は頑張り屋で、お昼時には馴染《なじ》みになってくれたあちこちの事業所を回って注文を取り、元気にパンの入った箱を二階へでも三階へでも持ってあがり、従業員さんたちに好きなパンを買ってもらっているのだそうです。

このおばあちゃんもパンが好きで、そのパン屋さんと知り合ってからは、ほぼ毎日と言ってよいほどパン屋さんが来るのを心待ちにしているのです。足の悪いおばあちゃんはなかなかスーパーなどへ自由に買い物に行けません。車で届けてくれるパン屋さんは、おばあちゃんにとってとてもありがたい存在なのでしょう。それに、そのおばあちゃんは、じつはパンを届けてくれることだけを楽しみにしているのではないのでした。

「その人が来ると私の話をにこにこと笑顔で聞いてくれて、うちの嫁よりもずっと身近に感じるんです。長く引きとめてはいけないと思っても、ついついいろいろと愚痴《ぐち》を聞いてもらったり、昔のことを聞いてもらったりしてしまうんですよ」

おばあちゃんはそう話してくれました。明るいパン屋さんは、そのおばあちゃんに待たれていることを承知していますから、毎日そのおばあちゃんの家へ立ち寄ることを忘れないのだそうです。お得意さんだからというだけではないと私は思います。そのパン屋さんは根が明るい人で、きっと苦労もあるはずなのに決して暗い顔は見せないのでしょう。そんなパン屋さんがいたら、きっと独り暮らしも楽しいのではないでしょうか。

いかがでしょうか。明るく、朗らか、生き生きという姿勢が、その人自身の心を幸せにし、その人と接する人の心もほのぼのとした幸せ感に満たされる結果をもたらすのです。

明るい言葉、朗らかな笑顔、生き生きした表情、そして真心のこもった言葉、それが周囲の人たちの気持ちをも明るくし、朗らかにし、生き生きと暮らそうという心を与えていくのです。

人間は自分独りで幸せになれるものではありません。他の人と交わり、他の人と笑顔で話をすること。そうした明るい心と言葉のキャッチボールによってお互いが幸せになれるのです。

人間はいろいろなことを感じたり考えたり悩んだりしますから、ときに落ち込んでしまうこともあるでしょう。そんなときこそ、外へ出て他の人と交わり、言葉を交わすことで相手の方の元気をもらったらどうでしょう。そして幸せを分かち合ったらいかがでしょう。きっと軽やかな気持ちで一日を過ごせるようになると思います。

心に笑みを絶やさなければ言葉にも真心がこもる

先に日神会のモットーは「明るく、朗らか、生き生き」であると述べました。もう一つ日神会で大切にしているのは「笑顔、笑《え》みの心を持ちましょう」ということです。

例えば、あなたがご主人と些細《ささい》なことで言い合いをした、お隣の奥さんとつい喧嘩腰《けんかごし》で話をしてしまった、自分のイライラを子供さんにぶつけて厳しい言い方で叱ってしまった……。そんなとき自分の顔を鏡に映してみてください。きっと自分でもいやになるようなひどい表情になっていることでしょう。そんなときは自分の胸に手のひらを当てて、胸のなかであなたが微笑《ほほえ》んでいる顔を思い描いてみてください。そして胸のなかで「心に笑みを持とう」と五回ほど自分に言い聞かせてみてください。きっとふわーっと平和な心になることでしょう。あなたが心に笑みを持とうとすることで、あなたのなかに存在する魂が笑みの心、愛し、慈しみ、尊ぶ心を発動してくれるのです。それがあなたの心に充満して、あなた自身が平和な気持ちになり、またさらに笑みの心が湧いてくるのです。

ここで私の体験した一つの例を紹介してみましょう。十年近く以前のことですが、未だにその光景は忘れることができません。とても不思議で嬉しい出来事だったのです。

【笑顔、笑みの心でがらりと雰囲気が変わった友人の会社】

私の友人の一人から、話があるので時間があるときに自分の会社へ来てもらえないだろうかと再三にわたって連絡があったので、私は重い心で気乗りがしない状態で出向きました。というのは、じつはこの友人は偏屈《へんくつ》な男性で、なにが面白くないのか、いつどこで会っても仏頂面《ぶっちょうづら》でご機嫌斜《きげんなな》め、何か失敗したわけでもないのに社員さんにもの凄い剣幕で話す。いつ行ってもそのような状態なので、またいやな想いをするのだろうな、早めに話を切り上げようなどと思いながら出かけたのです。

友人の会社に着くと、いつもは暗い声、暗い表情の社員さんたちが、その日は打って変わって明るく朗らか生き生きとした表情。今にも鼻歌を歌い出しそうな明るい話し声。

「ん？　いつもと社員さんの雰囲気が違う！　間違えて違う会社に来たのだろうか」

私の戸惑いをよそに友人は笑顔で奥から出てきました。

「よう隈本、今日は忙しいなかをすまなかったな」と明るく、朗らか、生き生きとした声で出迎えられた私は驚き、天地がひっくり返ったような想いで開いた口がふさがらない状態でした。社員さんたちの満面の笑顔、そして友人の満面の笑顔。いつもの仏頂面はどこへやら、目の前に座っている友人は、よほど嬉しいことがあったのかと思えるほどの素晴らしい笑顔、明るい声。時おり聞こえてくる社員さんたちの明るい声。一生懸命私に話しかけてくる友人には申し訳ないのですが、私の関心は友人の話の内容よりも。皆さんの変わりように向いていました。

以前は人を見下したように睨《にら》みながら、暗くドスの利いた声で平気で話をしていた友人。いつも殺伐《さつばつ》とした雰囲気のなか、針のむしろにでも座っているようにひそひそと話しをしていた社員さんたち。いったい友人の会社に何が起こったのだろうか……。

そこへ、入社してまだ日が浅いらしい女性社員の方が、お盆に乗せた湯呑をカタカタと音を立てながら運んできて、慣れないせいかぎこちない手つきでお茶を差し出してくれました。お茶は少々こぼれてしまいましたが、私はその女性社員の方の笑顔に心が洗われるような気がしました。心地よい風が心を吹き抜けた感じを受けたのです。

その女性社員の方は慌てて「すみませんでした」と社長である友人にしきりに謝っていました。私は、いつものように友人の怒りが爆発しなければよいのだがと心配していましたが、その想いをよそに友人は「そんなこと気にしなくていいんだよ」と優しくいたわるような笑顔で女性社員の方に声をかけたのです。そのやり取りを見ていた私は、この友人をはじめ社員さんたちが変わったのは、この

女性社員さんが原因ではないかと思って、ずっと様子を見ていました

何をするにもにこやかで素晴らしい笑顔。先輩から注意を受けても「はい！　わかりました！　ありがとうございます」と素晴らしい笑顔。何やら友人から指示を受けているときも満面の笑顔。仕事の指示をしている友人も嘘偽《うそいつわ》りのない心からの満面の笑顔……。満面の笑顔がまわりの人たちの心をここまで変えることができるということを、私はあらためて知ることができたのでした。

折しもその日、友人の会社がなにかミスを犯したのか、ある男性がもの凄い剣幕で苦情を言ってきました。その応対をしたのが先ほどの女性社員の方。私がさりげなく見ていますと、苦情に対しての説明を一心に行いながらも笑顔を絶やさない彼女。笑みの心からの真心からの説明。結局、もの凄い剣幕で苦情を言ってきた男性は、打って変わったにこやかな笑顔で帰って行ったのです。もしその女性社員の方が、もの凄い剣幕の男性に対抗意識を燃やし、強い調子で言い返していたらどうなっていたでしょう。それこそひどい言い争いになっていたに違いありません。

「あの子が応対すると、理由はわからないがいつもこうなんだよ」「面接のとき、こういった事務の仕事は経験がないと言っていたので心配していたが、今では来てくれて本当に良かったと思っているよ」と友人が嬉しそうに、少し自慢げに話してきたので、「君も社員の人たちも、あの子の笑顔のおかげで変わったんだね」と言うと、友人は照れくさそうに「じつは僕もそう思っているんだ。あの子がうちに来てから、行く先々で『社長、最近何か良いことがあったんですか。にこやかで嬉しそうですね』なんて言われているよ」と答えました。

偏屈でいつももの凄い剣幕で社員さんたちに話をしていた友人。もの凄い剣幕で苦情を言ってきた男性。その傲慢、高姿勢、獣《けもの》のような想念を瞬時に変えてしまう満面の笑顔。笑みの心。心の底から相手の方を愛し、慈しみ、尊ぶ心……。笑顔に勝るものはないのだなと、私はそのときあらためてつくづく思ったことでした。

いかがでしょう。私は今でもその女性社員の方の笑顔を忘れることはできません。笑顔、笑みの心からは、真心のあふれる愛の言葉が発信されるのです。そしてそれを嫌う人は一人としていません。どんな憎しみの心でも、悪心でも、また落ち込んだ心でも、愛の心、真心にあふれた笑みの心には敵《かな》わないのです。そのことを強く信じていれば、皆さんも笑みの心で、清らかな澄み切った心で、強く生きて行けるのではないでしょうか。

【註1】『聖の親様』について

日神会の主宰神、守護神は称名《しょうみょう》『聖の神』といわれる超神霊ですが、親しみをこめて『聖の親様』あるいは『聖の親さん』とお呼びすることが『聖の神』によって許されています。

【註2】「浄霊」について

日神会の主な宗教活動は「浄霊」の儀式です。「浄霊」とは、簡単に説明しますと、霊界で浄化されずに暗闇のなかをさ迷っている霊や、地獄界に堕ちて苦しんでいる霊が、救いを求めて生きている人間に取り憑《つ》いてくる憑依《ひょうい》現象を解消する儀式です。霊障（霊の障《さわ》り、霊の取り憑きによる痛み苦しみなどの症状）によって苦しんでいる人に対して、『聖の神』の放射する救済のエネルギーを与えることで取り憑いた霊を浄化、救済して憑依を外し、同時にその人の痛み苦しみを解消するという儀式なのです。この儀式では霊障を解消するばかりでなく、生きている皆さんの心のなかに存在する魂をも浄化向上させることができます。

また日神会では来会者の皆さんに対する浄霊儀式ばかりでなく、自分で自分の霊障を解消する「自己浄霊」の方法や、自分以外の人様の霊障を解消してあげることができる「人様の霊の禍《わざわい》の病気を即座に解消する他者浄霊の儀式」つまり、人様を救済する方法の指導もしております。この人は、こうした他者浄霊の方法を身に付けて人様を何人も救っておられる方なのです。

ご聖言の弐

魂は力なり　神は愛なり

聖

偉大なるかな清き心に育まれた魂の力
魂は修行の日々に鍛えられ
清く雄々しき力を持つ
自らの力の及ぶ限り
人を正しこの世を正す
神は我のこうべの上に
愛の花を咲かせたまえる　美しきかな

万葉歌人の和歌の力

「熟田津《にぎたづ》に　船乗りせむと　月待てば　潮《しお》もかなひぬ　いまは漕《こ》ぎ出《い》でな」

これは飛鳥《あすか》から天平《てんぴょう》、すなわち万葉の時代の歌人額田王《ぬかだのおおきみ》の歌ですが、どんなときに詠《よ》まれたのでしょう。斉明《さいめい》天皇（女帝）の頃、西暦六六一年に朝鮮半島へ戦《いくさ》に向かう船出に際して詠まれたものなのです。当時、唐の支援を受けた新羅《しらぎ》が百済《くだら》を攻め、百済は日本に援軍を求めてきていました。それに応じることに決めた斉明天皇は、出兵するために難波《なにわ》に下ります。「熟田津」というのがどこかははっきりしませんが、ものの本によると伊予松山の港ではないかと言われているようです。斉明天皇も乗り込んだ船は難波の津から出発して熟田津に寄り、それから那《な》の大津（博多港）に向かいました。

「熟田津から船に乗ろうとして月の様子を見ていたら、潮の流れもちょうどよくなってきた。さあ、船出をしよう」というような意味でしょうか。額田王も船上にあったのです。後世では男尊女卑《だんそんじょひ》の考え方も出てきましたが、万葉の時代、女性は神秘的な存在だと考えられていました。神様は女性にしかのり移らないとされており、戦争などのときには、それぞれの船に高貴な女性が必ず乗っていたとのこと。額田王はその頃、皇太子中大兄皇子《なかのおおえのおうじ》の弟であった大海人皇子《おおあまのおうじ》の奥さんの一人で、皇子とのあいだに皇女も産んでいました。ましてや額田王は万葉を代表する歌人の一人ですから、彼女の歌は神を動かす力を持っていると考えられたのかもしれません。額田王の歌の力によって戦士たちは奮《ふる》い立ち、よし！とばかりに船に乗り込んだのだろうと思われます。巫女《みこ》のような存在であった女性の和歌には、それだけの力が込められていたのではないでしょうか。

歴史の復習をするわけではありませんので、詳しくは述べませんが、斉明天皇は朝鮮半島に向かう前に亡くなられ、皇太子である中大兄皇子の指揮のもと翌年、翌翌年と出兵は続けられました。日本の水軍は千艘とも言われており、出兵の数は合計で三万二千ほどもあったそうです。この戦は大変な激戦でしたが、最後に日本軍は破れてしまいます。有名な西暦六三三年の「白村江《はくすきのえ》の戦い」で敗退したのです。海外出兵で疲弊《ひへい》した国を立て直すため、中大兄皇子は都を飛鳥から近江に移し、天智《てんち》天皇となって内政に手を尽くしていくことになります。

天智天皇となった皇子に召された額田王は、最初の夫であり天皇の弟でもある大海人皇子と別れて天智天皇の奥さんの一人になります。そして近江大津の都で宮廷歌人としてたくさんの和歌を詠んでいくのです。ここで話の筋からは離れますが、もう一首だけ額田王の和歌をあげておくことにしましょう。

「あかねさす　紫野行き　標野《しめの》行き　野守は見ずや　君が袖振る」

この歌はかなり有名なので、ご存知の方も多いと思います。天智天皇が蒲生野《がもうの》というところで薬狩りをなさったとき、天皇のおそば近くにいる額田王に向かって、かつての夫である大海人皇子が袖を振ったのを見て、額田王が詠んだと言われている歌です。それに対して大海人皇子は「紫草《むらさき》の　にほへる妹《いも》を　憎くあら

ば　人妻ゆえに　われ恋ひめやも」と返歌を送ります。つまり、今の夫である天皇の前で私に袖を振るなんて、人に見られたらどうするのという歌に対して、いまは人の妻であるあなたが憎かったら、こんなことはしませんよ、私はいまでもあなたに恋しているのですと返したわけですね。

封建時代に比べて、万葉の時代は男女関係に関して厳しい掟《おきて》はなく、緩《ゆる》やかなものであったようです。そこでまた余談ですが、「袖を振る」というのは相手に対する好意を表わすことだったわけで、現在では「袖すり合うも他生《たしょう》の縁《えん》」と言いますが、本来は「袖振り合うも他生の縁」と言ったようで、つまり男女がお互いに好意を持ち合うのも前世からの縁ですよという意味だったわけです。

この額田王のほかにも宮廷歌人のような歌詠みはたくさんいて、有名な柿本人麻呂《かきのもとのひとまろ》もそうでした。柿本人麻呂は、天智天皇亡きあと、壬申《じんしん》の乱がおこり、大海人皇子が天武《てんむ》天皇となって、さらに持統《じとう》、文武《もんむ》、元明《げんめい》、元正《げんしょう》と天皇の代を重ね、律令《りつりょう》国家が成立していく時代に活躍した歌人ですが、天皇を讃《たた》える歌、天皇や皇子、皇女の死を悼《いた》む歌など数多くの歌を残しています。いずれにしても、和歌によって戦意を昂揚《こうよう》し、高貴な人を讃え、その死に対しては魂を鎮《しず》める歌を詠みというふうに、万葉の歌人たちの和歌には人の心を動かす大きな力があったとみてよいでしょう。神がかり的と言ってもよいような和歌の力というのは不思議なものです。私が思うに、それらの和歌には心、魂《たましい》が込められていたからではないでしょうか。（以上は、新潮文庫「万葉の人びと」、角川文庫「万葉集入門」を参照させていただきました）

言葉の持つ霊力、無意識に吐かれる言葉の重み

皆さんは「言霊《ことだま》」という言葉をご存じでしょうか。辞書「広辞苑」には「言葉に宿っている不思議な霊威《れいい》。古代、その力が働いて言葉どおりの事象がもたらされると信じられた」とあります。ちなみに「言霊の幸《さきは》ふ国」とは「言霊の霊妙《れいみょう》な働きによって幸福をもたらす国。わが国のことを指す」とも書かれています。日本人は魂か

ら出る言葉の持つ不可思議な力をよく知っていたと思われます。

身近なことをあげれば、例えば占いなどで「あなたは将来これこれの部門で成功しますよ」とか「近々良縁に恵まれますよ」などと言われたら、決して悪い気持ちはしないでしょう。そのとおりになると信じるかもしれません。信じたら一生懸命それを実現しようと頑張る力も湧いてくるでしょうから、あながち「たかが占い」などと馬鹿にしたものではないのかもしれません。

また、「言祝《ことほ》ぎ」という言葉もあります。「言葉による祝福」のことですね。私たちはさして意識もせずに、お正月には「おめでとう」と言い合い、ある家に赤ちゃんが生まれれば、訪ねて行って「おめでとうございます。かわいい赤ちゃんですね。きっと元気な良いお子さんに育つでしょう」などと縁起の良い言葉を述べて祝福します。新築をした家の祝いに呼ばれれば、「これは立派なものですね。素晴らしい素材を使っておられますね。いやあ、めでたい」などと祝いを述べるでしょう。結婚式で謡曲《ようきょく》「高砂《たかさご》」の一節を仲人さんなどが謡《うた》うのも、「高砂やこの浦船に帆を上げて……はや住之江《すみのえ》に着きにけり」と謡い納《おさ》めることで、新婚夫婦の幸せを保証する言祝ぎの意味合いがあると思います。

ここで問題になるのは、言祝ぎとは逆の、呪《のろ》いの言葉を人に投げつける場合も人間にはよくあるということです。前章で述べたメールによる「死ね」などというじめの言葉など、決して許されるものではありませんが、そこまではなくとも、「なんだよ、くそババア」とか「この死に損ないが何を言うか」などという毒舌も決して聞き良いものではありません。かつて何かで読んだことですが、バスのなかでケータイを使っていた若者に、心臓にペースメーカーを入れている人が電源を切ってくれるように頼んだところ、なんと「そんなものを入れてまで生きていてえのかよ」という言葉が投げ返されたとのこと。大勢の人のなかで注意されたことに腹立ちを覚えたのかどうか知れませんが、なんという言葉を吐いたものでしょう。本当に呆れてものも言えません。人は思いやりのない言葉で他者を苦しめたり、いじめたり、ときには死に追い込むことさえあるのです。言葉というものをもう少し大切に扱ったらいかがでしょうか。

「爪弾《つまはじ》き」というのは「世間の爪弾きにあう」というように、「嫌悪・排斥《はいせき》し非難すること」と「広辞苑」にあります。「心にかなわぬことのあるとき、または嫌悪・排斥するときなどに、爪先を親指の腹にかけて弾くこと」ともあります。「源氏物語」などの古典を見ると、忌《い》むべき言葉をかけられたとき、忌むべき事柄が起きたとき、あるいは自分がつい忌むべき言動をしてしまったときなど、実際にこの爪弾きをしていたようです。そうすることで禍々《まがまが》しい出来事を避けることができると信じていたのでしょう。

人の魂は将来神にもなれる存在ですが、私たち現世を人間として生きている者は、自分でも気づかないうちに人を傷つける言葉を吐いたり、人に嫌われる言動をしたりしてしまいがちです。ある四十代になる女性に聞いたことですが、夏休みに実家にかえってお母さんと話をしていたら、そこに他家へ嫁いでいる妹さんも来て、三人で昔話など始めたそうです。そのとき妹さんがその女性に言った言葉。「姉ちゃん、昔のことだけど私に『おまえは音痴《おんち》だね』って言ったでしょう。私それから決して人前で歌は歌わないことにしているのよ。カラオケだって一人で行くんだから」。その女性はびっくりしました。「おまえは音痴だね」と妹さんに言ったことなど本人はまったく忘れていたからです。「ごめん。そんなこと言ったの。あんたは決して音痴なんかじゃないのに、どうして私そんなこと言ったのかしら。本当にごめん」。その人は呆然としながらも妹さんに一生懸命謝りました。しかし一度口にしてしまった言葉はもとに戻せません。「覆水盆《ふくすいぼん》に返《かえ》らず」ですね。

二十数年も昔の姉さんの言葉を妹さんは決して忘れず、「あれだけは許せない」と言ったそうです。二十数年も姉さんの言葉に縛られていた妹さん。いつも「姉ちゃん、姉ちゃん」と慕《した》ってくれる十歳も年下の妹さんにそんな想いがあったとは……。その方はそれを聞いてからしばらく申し訳ない気持ちに苛《さいな》まれたそうです。決して悪意はなかったはずなのです。軽い気持ちで吐いた言葉が長いあいだ妹さんを苦しめていたという事実に、その人は「言葉にも消しゴムがあったら、消してしまいたい」と悩んでいました。言葉というのは本当に怖いものですね。

人はどうして感動するのでしょうか

皆さんは心温まる話を聞いて感動したことはありませんか。素晴らしい映画や演劇に接して感動の涙を流したことはありませんか。先に万葉歌人の和歌の力について書きましたが、当時そうした歌人の歌に接した人たちもやはり感動したに違いありません。映画や演劇ばかりではありません。優れた小説もそうでしょう。絵画や書もそうです。

かつて私は良寛《りょうかん》の書いた「天」という文字を美術館で見たことがありますが、言葉ではなんと表現したらよいかわからないような感動を覚えました。果てしなく広がる悠久《ゆうきゅう》の「天」そのものを思わせる書だったのです。広大なる空間を思わせる書だったのです。他にも詩や彫刻、陶芸、音楽……、私たちになんとも言えない感動を与えるものはたくさんありますね。では、それらの作品はどうして私たちを感動させるのでしょうか。私たちはどうして感動するのでしょうか。

詩や小説は頭を使って書くのだと思いがちですが、じつはそうではないのです。私たちが日ごろ誰かと話をするときも言葉は頭のなかで創られて発せられますが、その言葉は頭ではなく心から出たものですよね。同じように、詩や小説も心が書かせているのです。書や絵画、彫刻や陶芸品、音楽も同じことです。言葉や文字、造形《ぞうけい》や音律《おんりつ》に作家は心を込めているのです。想いを込めて魂で創造しているのです。だからこそ私たちはその魂に心を打たれるのです。

そうです。作家は心を作品に込め、その心を私たちの心が受け止めるからこそ感動が生まれるのです。お互いの心、さらに言うならばお互いの魂が触れ合うからこそ、そこに感動が生まれるのです。素晴らしい作品に出会うということは、その作家の魂に出会うということです。その魂と波長が合った見る人、聴く人の魂が打ち震えるわけです。

また、相撲や野球、マラソンなどのスポーツでも、素晴らしい試合に接すると私たちは思わず感動します。やはり選手たちの力を尽くした胸を打つ競技、気力に満ちた姿、そしてそれを支えている心の力が私たちの胸を打つのです。

いま私は「気力」という言葉を使いましたが、「気」は心から出るものです。「病は気から」というように心が落ち込んでいると病もひどくなるというわけですから、「気」の力はとても大切なものでしょう。この仕事はとても自分にはできないなと思うときでも、「いや、できる！」「やって見せる」という気力を奮《ふる》い立たせれば、苦しみながらでも乗り越えられるものです。そうした経験は皆さんにもあるのではないでしょうか。そうして得た達成感は自分にしか味わえません。思うに、エベレストなどの最高級の山を征服したときの達成感などは、じつに爽《さわ》やかで素晴らしいものなのでしょう。とても普通の人にはできないことですが、小さな出来事にでも一つひとつ丁寧に取り組んでいくことは私たちにもできます。ぜひ私たちも「気」をしっかり持って生きていきたいものです。

話が少し脇道にそれましたが、さて、感動を呼び、感動を覚える心や魂の話です。よく「年を取ると涙もろくなる」と言います。これは老化現象が進むために涙腺が緩くなるとか、気が弱くなったせいだとか、そんなふうにじつは私もいままで思っていました。しかし、ふと考え直してみますと、それればかりではないような気がしてきました。年を取るということは心や魂がそれだけ向上し、小さなことにも感動する微妙な働きが出てくるせいではないかと思ってみたのです。だから「涙もろく」なったように外からは見えるのです。まだまだ私などには想像もできませんが、お年寄りの力というのは若い人の予想を超えた大きなものがあるように思えてなりません。

人間には肉体と頭の知恵と心があります。肉体の力は少年期からどんどん向上して二十五歳くらいでピークを迎え、あとは下降線をたどります。また、頭の知恵の力は四十代半ばまで向上し、その後は少しずつ下降線をたどります。しかし、心の力は六十歳、七十歳を超えてもどんどん向上していくのです。

肉体が老化して一見よろよろと足元もおぼつかないように見えるお年寄りでも、目には見えない心の働き、頭ではなく心の知恵はとても若い人にはかなわないほどの力を持っているのです。そう考えて公園などでくつろいでいるお年寄りの姿を見てみると、長い人生の荒波を越えてきた体験を示す深く穏やかな表情に、こちらもなにか温かいものを感じるように思います。老年になっても畑で仕事を続けるお百姓さん、船に乗っている漁師の方々の顔には素晴らしいしわが刻まれています。

心は何歳になっても向上します。長いあいだ積み重ねてきた体験を秘めた幅広い心。豊かな表情。だからこそ、昔の人は集落でなにか困ったことが起こると長老に相談して知恵をもらったのです。「敬老の日」という祝日がありますが、皆さんはお年寄りを敬っていますか。また「お年寄りをいたわりましょう」などとよく言います。たしかに、いたわることは大事です。なにしろ肉体が老化しているのですから。しかし、じつはお年寄りはいたわるということよりも、なにかを期待されたいと思っているのではないでしょうか。私たちにとって、お年寄りは何事かを教えていただく存在なのではないでしょうか。

人間には肉体と頭の知恵と心があると述べましたが、じつはこれはそれぞれが独立して存在するのではなく、当然ながらつねに連携プレーをしています。心が感動し、肉体が涙を流します。心の「気」力で肉体を励まして長い階段を上る力を与えます。そして、ここが肝心なのですが、肉体、頭の知恵、心の三つの連携を支配しているのが「魂」という存在なのです。昔の人は子供は七歳になるまで魂がまだ育っていないと考え、亡くなっても喪《も》に服したりする必要はないとされていたそうです。

昔の年齢の数え方では、生まれたときすぐに一歳ということになりますから、年末に生まれた子供は数日で二歳になってしまいます。これはとても不合理なことですから、現在では満年齢で数えていますね。そうすると昔の人が考えた七歳ということは今でいう満六歳というわけです。江戸時代などですと、七歳くらいになると寺子屋などに通わせたそうですが、じつに現在でも満六歳で小学校に上がりますね。なにか昔の人のほうが素晴らしい知恵を持っていたような気がしてきました。

私たちは文明の利器に囲まれて、豊かな生活をしているような錯覚に陥《おちい》っていますが、じつのところ昔の人の心のほうが優れて豊かだったのではないでしょうか。そして「魂」というものの存在もはっきりと知っていたのではないでしょうか。

庶民は貧しい小さな長屋で過ごしていたようですが、それでも心はとても発達していて、わずかなことにも感動し、泣いたり笑ったり、ときに怒ったりしながら豊かな精神生活を送っていたのではないでしょうか。

人類はなぜ万物の霊長と言われるのでしょうか

昔の人が子供は七歳まで魂が育ってないと考えていたことは前項で書きました。そして昔の人は「魂」というものの存在をよく知っていたということも書きました。「人類は万物の霊長」と言われますが、「霊」すなわち「魂」を持って生まれているからです。私たちは両親から肉体をもらって生まれますが、人は神の子というように、母親の胎内にあるとき神様は私たち人間に「魂の種（命の核《かく》）」を与えてくださっているのです。おぎゃあと産声《うぶごえ》を上げて生まれてから、両親をはじめまわりの大人たちの温かい愛情に包まれて肉体が育っていくのと同時に、その魂の種（命の核）も少しずつ成長し、七歳にしてやっとはっきりとした「魂」になっていくのです。

なぜ「人類は万物の霊長」なのか。答えは簡単です。いま述べたように人間は神様から与えられた「魂」を持っているからです。人間は「神の子」だからです。私たちは非常に辛い出来事に遭遇《そうぐう》したときなど、よく「神様、お願いです。助けてください」と心で祈ります。親である神に救いを求めているのです。人間は一人では生きられない弱い存在です。そして孤独な存在でもあります。ですから何事かに出会って苦しいとき、誰かにすがりたい、人知を超えた何者かにすがりたいと切実に思うのでしょう。

ある六十代後半の男性に聞いたことですが、原因不明の下血に襲《おそ》われ、救急車で病院に搬送される途中、もう自分は駄目かもしれないと思ったとき「母さん！」と心で叫んだそうです。その男性は実の父親の兄にもらわれた養子だったそうで、伯父夫婦とはいえ養父母に育てられたわけで、それでも自分の身が危ないと思ったとき呼んだ「母さん！」とは実の母親のことだったそうです。その母親はとうに亡くなってもうこの世にはいないのですが、それでもその男性は「母さん！」と救いを求めました。「不思議なものですなあ」と当人も言っていましたが、表面はどうであれ、心の奥底ではやはり産みの母親のことを慕っていたのでしょう。

また、「お国のため、天皇陛下のため」と言われて戦争に駆り出された兵士たちも、弾に当たったりして命の最後を迎えたときは、「天皇陛下、万歳！」ではなく、やはりほとんどの人が「お母さん！」と叫んだと年配者から聞いています。親というもの、とくに母親というものの存在はそんなにも大きなものなのです。ましてや私たち神の子である人間が、危機に瀕《ひん》したとき「神様！　お願いします。助けてください」と救いを求めるのは極めて自然なことだと思います。

なにかで読んだところでは、世界的に有名な外科医の先生も執刀《しっとう》するときは必ず「神様、お願いします」と祈るとのことでした。そのことを知って私は少なからず感動しました。それまで医学者、科学者は神など信じていないと思い込んでいたからです。とんでもない思い違いをしていたと反省しました。自分自身が患者さん一人ひとりの命を預かっているからこそ、「神様！」と祈るのは当然のことでしょう。人の死を看取《みと》る医師や看護師こそ、命の尊さ、危うさ、大切さを身に染みて知っているのです。実際、日神会の会員のなかには医師の方も看護師、介護士の方もかなりおられます。神の力を信じているのです。

神様は私たち人間に「魂（命の核）」を与えられたと述べましたが、同時にその魂を包むものとして「心」をも与えられました。心という畑の上に「魂の種(命の核)」を植えられたという言い方をしてはいかがでしょうか。ですから人間というのは肉体のなかに心があり、心のなかに魂があるというふうに考えればよいでしょう。動物には心はありません。飼い主になつくのは本能であり、なにが敵でなにが味方であるかを判断するのも動物としての本能でしかありません。人間は楽しいときに笑いますが、動物は決して笑いません。ライオンが獲物を見つけてにたっと笑ったら、それこそ不気味ですよね。動物には人間のような喜怒哀楽はないのです。喜怒哀楽は心に湧いてくるものです。

その「心」ですが、神様は大きく分けて人間に三つの心を与えられました。神の心、動物の心、悪魔の心の三つです。動物には心がないと言いながら「動物の心」というのは矛盾しているようですが、ここでいう動物の心とは本能だけに従うあり方のことで、譬《たと》えにすぎません。神の心、悪魔の心というのは説明する必要もないと思いますが、ではどうして神様はわが子である人間に、神の心ばかりか動物や悪魔の心まで与えられたのでしょう。

人間の肉体はある期間を過ぎると老化し、寿命が尽きれば消滅してしまいます。しかし神が与えられた魂は、肉体の死後、肉体を離れても存在し、霊界に入って永遠に生きていくのです。さて、霊界に入った魂はどこへ向かっていくのでしょう。どういう世界で生きていくのでしょう。

それを決めるのが魂の資質です。清浄な心のなかで育まれた魂は清浄な天界へ上がっていきますし、泥沼のような汚《けが》れた心のなかで育ってしまった魂は下方の霊界へと落ちていきます。最悪の場合、地獄界へと落とされてしまうのです。神様は決してそんなことは望んでおられません。

では、なぜ三つの心を与えられたのでしょう。人間の心はいつも何かを思い、独り言をつぶやいています。喜怒哀楽の海を漂《ただよ》うように、人間の心はいつも揺れ動いています。一人では生きられない人間は社会を形成し、他の人と交流しながら生きています。喜怒哀楽もそうしたなかで湧いてくる心です。人間の心は複雑です。そしていつも葛藤《かっとう》を繰り返しています。そうした葛藤のなかで私たちは神の心に一歩でも近づくように努力しなければならないのです。

そうです。神様は私たちに試練を与えたのです。さまざまな心が湧いてくるなかで修行をし、清らかな心を育て、そのなかで清らかな魂を育むようにという配慮なのです。そうしてみると、現世を生きているあいだ、私たちは魂を美しく育むための修行をしているということになります。

現世は修行期間。波乱に満ちた生涯のなかでなんとか魂を清浄に育み、肉体亡きあとは神の心を持った魂として真っ直ぐに神様の御許《みもと》へ戻ってくるようにと、それが厳しくも温かい神様の御心なのです。それにしても、最近の世情を見ますと悪魔の所業としか思えないような凶悪犯罪が多発しています。悪魔の心が大手を振ってまかり通っているようです。

天にあられる神様はどのように哀しんでおられることでしょう。悪魔の心のなかで育まれている魂もどんなに苦しんでいることでしょう。多くの人間の魂は神の御許ではなく地獄魔界へと落ちていく運命にあるのでしょうか。少なくとも私たち神を信じる者は、神の心を持つように努力し、神の御許に帰っていきたいものです。なにしろ人間は魂を持つ「万物の霊長」すなわち長《おさ》なのですから。

心、魂の想いは電波のように

数年前になりますが、ある女性の方が「とても不思議なことがあったんですよ」と言って話してくれたことがあります。この方は日神会の会員や信者ではありませんが、教祖隈本確《くまもとあきら》が記した『大霊界』シリーズには眼を通してくれていて、『聖の神』のことも知っている人です。その女性は団地に住んでいて、その年、その方の部屋を含む八軒の班長を務めており、毎月の自治会費を集めて会計さんのところへ持って行くという仕事がありました。ある月末のこと、その月の会費をまとめて封筒に入れ、いつものように会計さんに届けたのですが、不思議なことというのはそのときに起こりました。

会計さんも女性の方でしたが、話し好きの会計さんはいろいろと世間話を始められました。会計さんのご主人はなかなか気難しい人らしく、苦労も多いとのこと。三人いる息子さんの一人はダウン症で障碍者《しょうがいしゃ》が集《つど》う施設に通っており、毎朝、出かけて行くそのお子さんを会計さんはベランダから見送っているとのことでした。会計さんは六十代になっており、息子さんと言ってもすでに二十代も後半の感じでした。障害を抱えた息子さんをそこまで育てるのにどんな心配や苦労があったか……。会計さんの話は愚痴《ぐち》を言うという感じではなく、そうした息子さんだからこそ可愛くて仕方がないというご様子だったようです。「その子が今では洗濯物の片づけをするようになったんです。家族みんなの下着の区別がついて、分けてタンスに入れてくれるんですよ」と嬉しそうに語る会計さんを見て、その方はふと「ああ、こういうご家庭に神様はお力をくだされればいいのに」と半分無意識に思ったそうで、気づいたら「聖の親様！」とふっと心で想っていたそうです。

「本当になぜかその言葉が胸に飛び出したんですよね」とその方は言われました。そうしたら、お金の入った封筒を手渡そうとした瞬間に、会計さんが封筒を持った手をしっかりと押さえてしまい、「あら？」と思いながらその方も手を放すことができなくなりました。三十秒か一分か、とにかくほんのわずかのあいだでしたが、二人は固まったように動けなくなってしまったのだそうです。まるで金縛りにあったように。

そのうち何事もなかったかのように会計さんは手を放してくださり、「それでは」と言って別れたのですが、会計さんの様子を見ると封筒をしっかり握ったことも、しばらく動けなかったこともまったく忘れているようだったとのこと。時間が止まったかのような出来事にご自身は気づいていなかったらしいのです。その方はびっくりしました。いまのはなんだったのだろう。あの人はみんな忘れている。おかしな人なのだろうか……。その女性の言う「不思議なこと」というのは、そういうことでした。

「きっとそのあいだに『聖の神』のエネルギーが流れていたのでしょうね」

私はそういうふうにお答えしたのでしたが、その女性は浄霊の仕方も何も知らない方なのですから、ただただ想いの力が流れたとしか思えません。「この方はお子さんのために苦労なさったのだな。それでもこんなに明るく生きておられるのだな」と感じたそのとき、その会計さんを想う心のエネルギーが「聖の親様！」と神の名を呼ばせ、その言葉によって会計さん自身が気づかない会計さんの魂に神の御心《みこころ》がふれたのではないでしょうか。

もう一人、これも女性の方ですが、こんな話をしてくれました。あるとき胃カメラ検査を受けるためにベンチに腰かけて順番を待っていたら、遠く離れた廊下のベンチにやはり腰かけている若い男性が目に留まりました。その男性は左足いっぱいに大きなギプスをされて、足を投げ出すようにして座っていました。「可哀そうに、まだ若いのにどこで怪我《けが》をしたのだろう。まさか工事現場かどこかで事故にでもあったのではなかろうか」などと考えたその方は、「頑張ってね」という想いを込めてその男性を見つめていました。するとその男性がふっと彼女のほうを振り向いたというのです。二メートルや三メートルではありません。もっとずっと離れたところに腰かけていた男性を振り向かせた、その力はどこから出てきたのでしょうか。その女性の想いが電波のようにとんで行ったのでしょうか。

よく時代小説などで「殺気を感じる」というような表現に出会いますが、強い想いのエネルギーは「気配《けはい》」となって相手に届くのです。人の気配というのは不思議なもので、例えばストーカーなどに後を付けられていれば、「誰かが来る」という感覚が生じます。殺意であれ、憎しみであれ、慈しみであれ、人間が持つ念や想いはエネルギーとなって電波のように相手に届くのです。なにかいやな感じがする。なにか起こりそうな気がする。どうも後ろが気になる。なんだか気持ちが悪い。なにか温かい空気が感じられる……。みんな「気配」すなわち心の想いや魂の想いが伝わっているからでしょう。

また、何年も会っていない友達のことをふと思い出し、どうしているかなと心配していると、その友達から久し振りに電話があったとか、離れたところに住んでいるお祖母ちゃん、元気にしているだろうかとふと心配になっていたら、そのお祖母ちゃんが倒れて入院したという連絡が入ったとか、今日はどうも郵便屋さんが来そうな気がすると思っていたら「ゆうパック」が届いたとか、そんな体験は皆さんにもよくあることだと思います。いったいなぜでしょう。なにが「気配」を生むのでしょう。

もう一つだけ今度はちょっと怖い話をしてみましょう。ある方がお父さんを亡くしたあと初七日の日に吐血《とけつ》して入院しました。ひどい胃潰瘍《いかいよう》とのことで一カ月余り入院して治療を受け、退院して帰宅したのちベッドで横になりながら、漠然と霊のことを考えて「まさかお父さんの霊が憑《つ》いたから病気になったのではないだろうか」などと思ったその方はつい「お父さんの霊だったら、私から離れてよ」と心で言ってしまいました。するとたんに「何をしているんだ」という生前と変わりないお父さんの叱責《しっせき》の声が耳元でしたといいます。「本当に父の声だったのです」とその方はしみじみと言われました。懐かしくもあったのでしょう。とたんに自分の過《あやま》ちに気づいたその方は「ごめんなさい」と謝りました。お父さんの霊であったなら、離れてくれというのではなく、供養してあげなければならなかったのです。

これは一種の霊界通信というべきものだったのだろうと思いますが、とにかく科学的には証明できない不思議なことはたくさん起こっています。神様なんかいない、霊なんか信じないとおっしゃる皆さんに私は申し上げたい。こうした不思議な体験をどう説明したらよいのでしょうかと。人間の心の想い、魂の想いはたしかにある力を持って電波のようにとんで行きますし、同じように霊の力、神の力も目に見えないエネルギーとして確実に存在するのです。

「迷い」はどこから来るのでしょうか

かつてある年配の男性が私に教えてくれました。「迷ったときは現状維持に徹することですよ」。例えば「いまの会社にいてもあまり出世できそうもないし、上司もいやな奴だし、転職しようかな。それとも我慢してもう少し勤めてみようかな」などと思うことはよくあることでしょう。そういうふうに迷っているあいだは、現状維持すなわち転職はしないほうがよいということですね。

この「迷い」というのはいったいどこから来るのでしょう。「迷うことなんてしょっちゅうあるじゃない。それがどうしたの?」と思われるかもしれませんが、私にとってはこれも魂にかかわる不思議の一つなのです。

「このあいだ売り込みに来た会社との取引を受けたらいいのだろうか。それとも断ったほうがいいのだろうか」

「そろそろ店舗を改築しようか、それとももう少しこのままでやっていこうか」

「もう一軒支店を出して事業を拡張しようかどうしようか」

「新しい部門に進出しようか、それともいまのところは現状維持で、守りに徹していたほうがいいのだろうか」

「長い髪にもちょっと飽きてきたけど、ここまで伸ばしたのにカットするのももったいないなあ。どうしようかなあ」

大きなことばかりでなく、些細《ささい》なことでも日常的に迷うことはたくさんあります。では人間はどうして迷ってばかりいるのでしょうか。

人間には肉体と頭の知恵と心があると先に述べました。その心のなかに魂が存在することも述べました。魂の想いは自分の心として意識には上ってこないので、私たちは魂の存在をつねに認識しているわけではありません。しかし、魂は確実に私たちの心のなかに存在し、私たちの肉体、頭の知恵、心をしっかりと連動させ、私たちの人生をより良い方向へ導こうとしてくれているのです。そしてまた、憎しみや怒り、妬《ねた》みや羨望《せんぼう》などというマイナスの想念が心を占めていると、魂にもその汚れが染みついて、魂は哀しみ、魂自身が汚れていってしまうのです。ですから、私たちの魂は「どうか清らかな心を育ててくれよ」と私たちに願っているのです。

さて「迷ったときは現状維持に徹すること」というのは、具体的にどういうことなのでしょう。先に例をあげた新しい取引や店舗の改築、新部門への進出、長い髪のカットなどなど、どうしようかと迷ったままで「ええい、やってしまえ」とばかり踏み出して、もしも失敗したら、後悔してもそれこそ「後悔は先に立たず」で元には戻れません。

人間はプラス志向で向上を目指すべきですが、迷ったときには立ち止まってよく考えることも必要でしょう。「石橋を叩いて渡る」のはあまりに慎重すぎますが、逆に深く考えることもなく前へ前へと進むのも考えものです。短くカットしてしまった髪は、すぐに元に戻すことはできません。何事でも同じことです。「覆水盆《ふくすいぼん》に返らず」ですね。

「迷い」というのは、ひょっとして魂がストップをかけている表れではないでしょうか。私にはそう思えてなりません。

「ちょっと待て、もう一度頭と心でよく考えなさい」

「そっちへ行っては危ないんだよ。どうしてわからないのか」

そういう魂の「待った」がかかっているのです。それが私たちには「迷い」と感じられるのです。だからこそ「迷ったときは現状維持」ということにつながるわけです。山道で実際に道に迷ったとき、慌《あわ》ててあちこちとさ迷い歩いてはかえって危険です。余計に深いところへ迷い込んでしまう可能性が高くなります。それと同じように、日常でも迷ったときは動かないことが大切になってくるのです。

魂がストップをかけているのです。

「こんなつまらない夫とは離婚したほうがいいんじゃないかしら。お給料は安いくせに威張ってばかりいる。育児も家事も手伝ってくれない。休日には寝転んでテレビばかり見ている。もう我慢も限界だわ！」

「ちょっと待ちなさい！」

「認知症のお母さんの介護、もう疲れ切ってしまった。どうして私だけがこんな苦労をしなければならないの。申し訳ないけど死んでくれたほうがどんなに楽か」

「ちょっと待ちなさい！」

「どうしてこの子は泣いてばかりいるんだろう。ちっとも言うことを聞かないし、邪魔《じゃま》なだけだわ。いい加減頭にくる。産まなければよかった。叩いてやりたくなるわ」

「ちょっと待ちなさい！」

「どうしてうちの課長は怒鳴ってばかりいるんだ。こっちにだって理屈はあるのにちっとも聞いてくれない。こんな会社すぐにでも辞めてしまおう」

「ちょっと待ちなさい！」

「うちの姑《しゅうとめ》はなんてわがままなんだろう。何をどうしても気に入らない様子だし、私のすることにはなんでも反対するし。いっそ夫の弟の家に移ってもらおうかしら」

「ちょっと待ちなさい！」

魂のストップに耳を傾けてみたらどうでしょう。あなたがいましようとしていることと、本当にそれでよいのでしょうか。迷いはありませんか。迷うのは悪いことではありません。迷いこそが大事なのではないでしょうか。そうしていろいろと考えることで、私たちの心は成長していくのです。怒りの前に自らを反省する。苛立ちのままに行動しない。迷いが出たときこそ、自らを見つめる良いチャンスだととらえたらどうでしょうか。

先ほどの年輩男性の言葉で私はこんなことを考えたのですが、皆さんはいかがでしょうか。魂という不思議な存在、ありがたい存在。日神会では自分の魂のことを「魂の親様」あるいは「魂の親さん」と呼ぶようにしていますが、この「魂の親様」はじつに「親様」なのです。失敗して落ち込まないように、先走って迷い道に入り込まないように、後悔して嘆き悲しむような暗い心にならないように、魂は導いてくれようと必死なのです。ありがたいことではないでしょうか。ですから日神会では守護神である『聖の神』に感謝すると同時に、自らの「魂の親様」にも感謝するようにと指導しているのです。

七十年後にふれ合った兄妹の魂の想い

二〇一六年（平成二十八年）八月八日の朝日新聞「天声人語」の欄に次のようなことが書かれていました。長崎原爆資料館にある写真の一枚、原爆で焼死した少年が横たわる写真ですが、これまで謎《なぞ》であったその少年の身元を知る手がかりがやっと浮上したという記事です。法医学者が写真を鑑定し、当時中学一年生だったTさんの可能性があるということがわかったのです。

前年の二〇一五年（平成二十七年）に開かれた展示会でのこと、Tさんの実の妹さん二人が写真の少年を凝視《ぎょうし》し「これは兄だ。間違いない」と確信したそうで、それがきっかけとなって鑑定が始まったようです。妹さんたちはそれぞれ七十九歳、七十六歳という高齢ですが、「見た瞬間にビビビビッと来たんです。これは兄だ。間違いないと」と姉妹は語っていたとのこと。

それまでにもお二人は資料館で何度もその写真を見ていましたが、ガラス越しで照明も抑えられていたので気がつかなかったといいます。ところが二〇一五年の展示会場では、写真は大きく引き伸ばされ、顔つきがはっきりと見えたそうで、姉妹はパネルを指先で撫《な》でて「また、会おうね」と声をかけて会場を去ったそうです。

その写真をどうしても手元に置きたいという姉妹の願いが叶って、その年の秋には撮影者の遺族から譲り受けることができました。それで展示会の主催者が九州大学に鑑定を依頼し、その結論が二〇一六年の一月に出たというわけです。

「兄だという確信は鑑定結果が出る前から百パーセントありました。いっしょに育った兄妹ですもの」と姉妹は語っていたとのこと。七十年ぶりの再会を喜ぶ姉妹。譲り受けた写真はお姉さんの家の仏壇に置かれているそうです。

「兄妹のつながりはかくも強い」と記事にはありましたが、「ビビビビッと来た」というところで、私ははっと思いました。これは魂のふれ合いだと感じたのです。一枚の写真に込められていたTさんの魂の叫びが、七十年後に妹さんたちの魂に響いたのです。私は少なからず感動しました。やはりこうしたことは起こるのです。

先に亡き父親の声を聞いたという方のことを記しましたが、日神会会員の方の体験談を拝聴していますと、そうしたことは多々起こっているようです。また、亡くなった祖母が白い天馬に乗って上に昇って行くのが見えたというお孫さんのお話や、若くして亡くなった息子さんの写真を仏壇に飾って祈りを捧げていたら、真っ白な背広を着てネクタイを締めた息子さんがにっこり笑っている姿が見えたとか、仏壇でご先祖様を想って祈っていたら、最近他界した人を筆頭にずらっと数え切れないほどのご先祖様の霊が並んでいるのが見えたとか、さまざまな霊視体験のお話もたくさんあります。

そんな馬鹿なことがあるはずはないと思われますか。たしかに不思議なことではあるでしょう。しかし、私はすでに天界に昇っている父隈本確や兄、姉との交流をつねにしておりますので、こうした霊界とのふれ合いのお話はすべて本当だと確信しております。

魂は永遠の命を持っています。そして霊界に入った魂はときに現世にある私たちに何事かを伝えたくて接触してくるのです。それが、低級霊界に堕ちて苦しんでいる先祖霊などであった場合、「助けてくれ」と言って肉体を持つ人間にすがりついてくるために霊の障《さわ》りが起こることもあり得ます。その結果、肉体や心に痛みや苦しみが出てきたとき、その霊を浄化し、救済して肉体から離して上界へ上げてあげる。それと同時に肉体や心の痛み苦しみがすっと解消される。これが日神会の浄霊《じょうれい》というわけなのです。

ここで申し上げておきたいのは、日神会の場合は「除霊《じょれい》」ではなく「浄霊」だということです。憑依《ひょうい》した（取り憑《つ》いた）霊を排除するだけでは霊は救われません。何度も何度も繰り返し憑依してくることでしょう。「浄霊」は苦しむ霊を浄化、向上させて霊界の上のほうへ上げてあげるという儀式ですから、憑依による症状が消えた人間だけでなく、憑依霊も喜んで「ありがとうございます」と上界へ昇って行くのです。

先に引用した新聞記事の写真の少年Tさんの魂も、七十年ぶりに妹さんたちとふれ合い、仏壇に飾られて祈りを捧げられることで、きっと救われて天界へ昇って行くのではないかと私は思っています。

万物の霊長である人類であれば人種を超えて通じ合える

またまたマスコミから得たお話で恐縮ではありますが、先夜、NHKのドキュメンタリー番組でこんな感動的な情景を目にしました。南アメリカの大河アマゾン川はブラジルに河口があり、そこから大西洋に注ぎますが、源流に近い上流はペルーにまで延びています。アマゾン奥地の森林地帯。そこに文明社会から隔絶《かくぜつ》した生活を送るある原住民が暮らしています。遠い昔は南アメリカ全土に居住していたと思われるその人たちは、森林伐採や文明人の移住によって狭い範囲に追い込まれ、いまでは五百人余りに人口も減っているとのこと。このままでは彼らは近い将来滅んでしまうでしょう。ペルー政府は彼らとの接触を図るために長年調査を続けてきました。その調査に随行を許されたスタッフが、その原住民と調査員との接触を取材したのです。

アマゾンの支流である川を挟んで、対岸に彼らが姿を現すのをひたすら待ち続ける調査員たち。やがて、一家族と思われる子供を含めた数人が川辺に出てきました。そこで調査員たちはボートのような小舟にバナナをたくさん積んで、「友達だよ。友達だよ」と声をかけながら近づいていくのです。原住民の一家は逃げませんでした。攻撃もしてきませんでした。その日はバナナを渡して笑顔で話しかけ、「明日も来るよ」と言って別れようとすると、彼らも何かを語りかけようとします。もっとバナナが欲しいと言っている様子です。

翌日また姿を現した彼らにまた小舟でバナナを届ける調査員たち。彼らはお礼のつもりか手作りの矢のようなものを調査員に渡しました。好意を表わす握手も覚え、抱き合うことも覚えた彼らは、調査員たちに家族の名前を教えてくれていました。ほとんど言葉は通じないわけですが、敵意のない想いは通じるのでしょう。その友好的なシーンを見たとき私は思わず心のなかで拍手を送りました。

その後もなんとか接触を続けたいと願っていた調査員たちの期待に反して、ある日から彼らは姿を見せなくなりました。何があったのかはわかりません。残念なことですが、それでも調査員たちは諦めずに対岸を見つめ続ける日々を送っているようです。ただ、文明社会に接触し、私たちと同じような暮らしをすることが彼らにとって幸せなのかどうか、それはまた別の話で、私には答えが出ませんが、少なくとも一つの人種が滅びるというのは悲しいことです。やはりここはペルー政府の粘り強い接触と努力に期待するほかないのでしょう。いずれにしても、魂を持つ人類同士、わかり合えないはずはないと私は信じているのですが、皆さんはどう思われますか。

折しもその放映があった頃、リオデジャネイロ・オリンピックが開幕しており、南アメリカでの初開催となる大会には、史上最多の二〇五カ国・地域に、国際オリンピック委員会が創設した難民選手団の選手十人、個人参加の選手を含めて、一万人を超える選手が参加するとのこと。開会式では、各国・地域の選手たちがそれぞれの服装で行進しましたが、なかでも心に残ったのは、シリアやアフリカの紛争地から逃げ延びた選手たちで構成された難民選手団の入場で、国旗ではなくオリンピック旗を持った女性選手の溌剌《はつらつ》とした姿がとても印象的でした。

人種や国家、宗教を超えて公平なルールで競い合うオリンピック。万物の霊長である魂を持った人間であるからこそ可能となる世界的な祭典。そこに難民選手団が創設されたことは嬉しいことでもあり、また情けなく切ないことでもあります。どうして難民がどんどん増えていくのでしょう。どうして世界中で紛争が絶えないのでしょう。生まれ育った国を離れてさ迷う難民の人たち。私たちにはとても想像できないほどの苦しみを抱えていることでしょう。不自由な生活、傷ついた心。難民の人たちの魂は果たして救われているのでしょうか。

「話せばわかる」が通じない紛争地帯。少年や子供たちまでが武器を持ち、戦いに駆り出されて殺傷されていく現状。また、無差別のテロも多発している現実。これで人類と言えるのでしょうか。万物の霊長と言えるのでしょうか。

難民問題はいまや世界中で政治問題となっているようですが、私は政治家ではなく宗教家ですから、ただ神に祈るしか方法はありません。世界中の人たちが平和で穏やかな生活を保障される日々は永久にやって来ないのでしょうか。この世界は悪魔が支配する状況にあるのでしょうか。

そんなことを思い煩《わずら》っているとき、先ほどのドキュメンタリーに惹《ひ》かれたのです。ペルーのアマゾン奥地で、原住民との接触に力を注ぐ調査員たちの粘り強い努力、そして、友人同士のように肩を抱きあう調査員と原住民の人たちの姿を見た私は、わずかながら温かい気持ち、ほっとした想いにかられました。きっとわかり合える。きっと人類に平和は訪れる。そう信じたい熱い願いが胸にあふれてきたのです。

人間も動物ですから、自分さえ良ければよいとか、自分の家族さえ無事ならよいとか、自分の子供さえ元気であればよいとか、自分の国さえ繁栄すればよいとか、そうした感情を持つのも仕方がないといえば仕方がありません。しかし、動物の心と同時に神の心も持っているはずの人間であれば、他者を思いやる心、隣人を愛する心、人様の幸せを願う心もないわけではないのですから、私たちはつねに自分の心を振り返って反省し、神の心すなわち愛の心に従った言動が取れるよう努力すべきではないでしょうか。

悪魔の心、悪魔の言葉に気をつけよう

先に「おまえは音痴だね」とお姉さんに言われた妹さんが、その言葉に傷つけられて二十数年間も忘れることはなかったという話を書きました。お姉さんは別に憎しみを持って妹さんにその言葉を投げかけたわけではなかったのですが、傷つけられた妹さんの心は決してそのことを忘れないのです。何気なく言ったひと言が、まるで悪魔の言葉のように長年月妹さんを縛り付ける結果を生み出したの

です。言葉というのは怖いものです。よほど注意していないと、自分では考えてもみなかったとんでもないことが起こってしまうかもしれません。「口は禍《わざわい》のもと」ということわざがあります。「禍の原因は口である。うっかり言った言葉から失敗を招くことがある。言葉は慎《つつし》まなければならない」(三省堂「故事ことわざ辞典」)ということですね。言葉は心から出てくるものですから、言葉を慎むということは、すなわち心をしっかりと管理しなければならないということになります。いま自分が発しようとしている言葉はこれでよいのだろうか。ひょっとして相手を傷つけようとする悪意が自分のなかにないだろうか。立ち止まって心を見つめることも大事になってきます。

かつてある女性がこんなことを話してくれました。

「ずいぶん前のことですけれど、私が必要に迫られて中年になってからパソコンを習いに通ったことがありました。そこでメールの送り方も習ったのですが、先生は一度打った文章をすぐに送信しないで送信トレイに保存しておいて、あとでもう一度読み返してから送ったほうがいいですよと教えてくれました。パッと思ったことを書いて送ってしまったら、あとで後悔しても取り返しはつきません。先生はそのことをおっしゃったのだと思います。ですから私はメールは何度も読み返してから送信するようにしていますし、親きょうだい、友達など親しい人へは、短くても字が下手でもペンで書いて手紙で送るようにしています」

たしかに一度口から出た言葉、一度メールで送ってしまった言葉は訂正がききません。「しまったな」と思っても、それこそ「あとの祭り」です。

「死ね」とか「馬鹿」とか「おまえなんか嫌いだ」などという、それこそ悪魔の心から出るような悪魔の言葉はもちろんのこと、自分では気がつかないところで人間はどれだけ相手を傷つけているかわかりません。振り返ってみてください。きっと皆さんにも「ああ、あの人にあのとき悪いことを言ってしまったな」というような後悔の念を抱いたことはあるはずです。繰り返しますが、言葉はじつに怖いものなのです。言葉の管理はすなわち心の管理。口から発しようとする言葉は、一瞬でも立ち止まり心で吟味《ぎんみ》してから発信するようにしたいものです。

そうは言ってもこれは「言うは易《やす》し行うは難《かた》し」で、日常生活においてはなかなかできることではありませんね。現実には、パッと届いた相手の言葉にパッと反応してすぐに言葉を返してしまうのが普通でしょう。しかしメールや手紙ですと読み返して訂正することは可能です。ひょっとしてこの言葉そのまま送って大丈夫かな？　そこで迷ったら、それは先にも述べたように魂がストップをかけてくれているのかもしれません。しばし立ち止まって魂の忠告に耳を傾けてみてはいかがでしょうか……。

人間には神の心、動物の心、悪魔の心があると述べましたが、動物の心というのはものの譬《たと》えであって実際には動物に心はありません。ですから逆に動物には悪魔の心もないのです。現在の世の中、動物の心どころか悪魔の心で行動する人たちが増えてきているようです。悪魔の所業としか思えないような犯罪が多発しています。これでは動物以下ということになりますね。ちょっと乱暴な言い方になりますが、悪魔の心を発動させるくらいなら、心など無いほうがまだましでしょう。

喜怒哀楽というように人間の心はいつも揺れ動き、さまざまな感情が入り乱れて錯綜《さくそう》しているのが現実です。だからこそ、自らを振り返り心のなかを点検するゆとりを持つことが大事になってくるわけです。自分はいま自分勝手な考えで動いていないか、いまこの人を憎んでいないか、いま反抗的な想いを募《つの》らせていないか、悪魔のように人を呪《のろ》うような心ではないだろうか。そのようなことを反省してみましょう。なぜ私がくどくどとこうしたことを述べるかといえば、悪魔の心をそのままにしておくと将来大変なことになるからなのです。汚れた心のなかで育まれた魂は、汚れた心にまとわりつかれ魂自身が汚れていってしまうのです。そうした魂は、死後肉体を離れ霊界へ入ったとき、地獄魔界《じごくまかい》へと堕ちて行くのです。

相手を傷つける言葉、相手を貶《おとし》める悪魔のような言葉、それらを当たり前のように発する心のあり方。そのような言葉を相手に投げつけてしまうことで、せっかく長年にわたって培《つちか》ってきた友情を壊してしまうかもしれません。ちょっとした心の迷いが人間関係を壊してしまうこともあるのです。現世の人間関係が悪化するばかりでなく、霊界に入ってからの魂の行き先までも左右することになるわけですから、悪魔の心、悪魔の言葉を出さない、発しない心の注意が必要となるのです。

神の心はすなわち愛の心

神様がなぜ「悪魔の心」まで人間に与えられたかについては先に述べました。いろいろな現実にぶつかり、人間関係に悩み、仕事に行き詰まって悩み、傷つけ合ったり憎み合ったり、また許し合ったり、泣いたり笑ったり、羨《うらや》んだり恨《うら》んだり、そうしてさまざまに揺れ動く心のなかで魂の修行をし、最後は神が望まれる神の心に育まれた魂となって自らの御許へ帰ってくるようにという神の御心《みこころ》によるものなのです。では神の御心とはいったいどういうものでしょう。私たちが理解できる人間の言葉で言えば、それは「愛の心」です。

「愛」とは「相手を慈しむ心」「相手を大切に想う心」「相手に良かれと願う心」ですね。せっかく神様に頂いたこの素晴らしい心を、私たちは日ごろ忘れているのではないでしょうか。たしかに男女のあいだでお互いに「愛している」という想いを持つことはありますし、親であれば自分の命よりも大切に想う子供に対して「愛の心」は当然泉のように湧いてくるでしょう。しかしここで「神の心は愛なり」というとき、それは人間が日ごろ使う「愛」とは次元を異にするものなのです。神はすべての人間を愛してくださっています。その愛のエネルギーはじつは私たちの住む地球、宇宙を含む大霊界のすべてに放射されているのです。その愛の御心を頂く祈り。それが日神会の祈りです。

神はご自分の子供である人間に差別なく愛のエネルギーを放射し、与えてくださいます。人種によって差をつけたり、男女によって差をつけたりすることはありません。小さな子供、赤ちゃん、高齢のおじいさん、おばあさん、みなわが子として愛してくださっているのです。この神の愛に対して「ありがとうございます」という祈り。これも日神会の祈りです。日神会の守護神は『聖《ひじり》の神』ですから、私たちは日々「聖の親様、どうか神のお命、エネルギー、英知、御心を私にくださいお願いします」とお祈りします。神の強大な命とエネルギー、人知を超えた英知、神の御心である「愛の心」を頂くのです。

私たち人間は、どんなに愛している相手に対してであっても、ときに悪意のこもった言葉を投げつけたり、憎しみに満ちた心で接したりすることがあります。ときには「愛しさあまって憎さ百倍」などということさえ起こります。ストーカー殺人など、その主たるものですね。これはとても「愛」とは言えません。逆に悪魔の心になってしまいます。愛し合って結婚したはずの夫婦が詰まらないことで諍《いさか》いとなり、ついには離婚という不幸な結果を生むこともあります。可愛かった子供が登校拒否になったり、ひきこもりになったり、ひいては家庭内暴力を振るうようになってしまったら、その子供に対して愛どころか恐れと憎しみの想いを持ってしまうこともあるかもしれません。これも悲惨な結果を生むことになってしまいます。

こうしてみると人間の愛というものは、言わば「取扱注意」といったものかもしれません。相手を想う愛の心も、下手をすると諸刃《もろは》の刃《やいば》となってしまう可能性があるのです。それでも人間は愛の心を無くしてしまうことはありません。忘れているようでも、心のどこかに深く沈めて愛を持っているのです。苦手な人にこそ言葉をかけようということは先に書きましたが、誰に対しても温かい心で挨拶の言葉をかける。これは心に愛がなければできないことです。相手を傷つけることをしてしまったとき、心から「ごめんなさい」と謝る。これも素直な愛の心がなくてはできないことです。そして、先ほど述べたペルー調査団の原住民との交流。これも愛がなければ成り立ちません。

人間は感動を覚える心を持つ存在ですが、愛に満ちた言動に接したときこそ私たちは感動するのではないでしょうか。ましてや偉大なる神様に愛の御心を頂いて感動しない人はいないでしょう。日神会に来会される会員、信者の皆様は、全人類の聖地、日神会聖礼拝堂を訪れただけで涙が出るとおっしゃいます。日神会では長崎と東京の聖地に礼拝堂が設けられていますが、礼拝堂ばかりでなく、日神会の建物のなか全体に神の愛のエネルギーが充満しております。ですから玄関ロビーに一歩足を踏み入れられただけで、感動の涙を流す方もおられます。

とくに浄霊を受けられたあとなどでは「恥ずかしいのですが、嬉しくて涙が止まりません」とおっしゃる方が大勢いらっしゃいます。「どうして涙が流れるのでしょう」とお尋ねになる方に、日神会の霊能者は「あなたの魂の親様が喜んでおられるからですよ」とお答えしています。神の愛の御心、神の温かい愛のエネルギーを頂いたその人の魂が喜びの涙を流されるのです。人間には魂の存在を自覚することはできませんが、そうして嬉しさのあまり涙するとき、「ああ、魂の親様は私のなかにいらっしゃる」と気づくのです。

神の御心は広大無辺、神はすべての生物に命と愛のエネルギーを放射しておられるのです。いかがでしょう皆さん、ぜひ一度この愛の御心に接してごらんになりませんか。感動の涙を流されたあと、皆さんはきっと心も体もすっきりと爽《さわ》やかになられたのを感じられるはずです。そうした神の愛に満ちた心で日々の生活を送られたら、きっと家庭でも職場でも地域社会でも、夫や妻、お父さんやお母さん、お子さん、お祖父ちゃん、お祖母ちゃん、そしてまわりの人にも好かれ親しまれ、平和で穏やかな生活が送れることでしょう。

愛の心、愛の言葉の力を信じよう

病院へ見舞に行ったときなど、皆さんはどういう言葉をかけられるでしょうか。よく「頑張ってね、という言葉はよくない」と言われます。たしかに患者さんは病気と闘い、日々苦しみのなかで当然頑張っているのです。そこで「頑張ってね」と言ったのでは、まるで追い打ちをかけるようで、さらに苦しめることになるかもしれません。では、いったいどう言ってあげたらよいのでしょう。「元気を出してね」「すぐに良くなるわよ」などと言っても、どこか違うような気がします。なかなか難しいものですね。

また、大切な人を亡くされた方のところへ通夜などに出かけて、なんと言ってあげたらよいかと戸惑うこともあると思います。「このたびはご愁傷様です」「どうかお心落としのないように」などとはよく言う言葉ですが、これでとても慰《なぐさ》められるとは思えません。

見舞いでも通夜でも言葉を失うという感じになってしまうことはよくあります。しかし、それでも相手を想う心、つまりは愛の心があれば、黙って相手の手を握り締めてあげるとか、背中をさすってあげるとか、そうしたことはできるでしょう。そしてその行動で少しでも愛の心が通じれば、相手の方も何かを感じてくれるはずです。そして多少なりとも力づけられるかもしれません。こうした場合は、言葉よりもやはり心を表わす何かが大切になってくるのでしょう。愛の心を示す微笑み、胸いっぱいの見舞の想い、惜別《せきべつ》の想い、そうしたものはきっと相手の方に届くと思います。

愛の心のこもった挨拶、愛の心に満ちた笑顔、愛の心の言葉のキャッチボール……。

憎しみの心には憎しみの心が返ってきます。傲慢《ごうまん》な言葉には反発が返ってきます。妬《ねた》みや恨《うら》み、呪いの言葉は相手よりも自分の心や魂を傷つけます。逆に愛や慈しみの心から出る言葉は相手を励まし勇気づけ、相手の心にも愛と慈しみを湧き上がらせます。そうして愛の心が家庭を、職場を、地域社会を包んでいったら、どんなに素晴らしい社会が形成されるでしょう。夢物語に終わらせないようにしたいものです。

【愛の心で弟さんを救ったお姉さん】

ここで日神会会員の方の体験のお話を一つだけ紹介しておきましょう。

ある女性の方のことですが、その方には弟さんが二人おられます。一人の弟さんはうつ病のような状態に陥っていたところを、その方の家族浄霊（家族の方の姿を目の前に描いて『聖の神』のエネルギーを流してあげる浄霊法）によって元気になりました。その方が「浄霊してあげようか」と言っても「自分でするからいいよ。毎日しているんだ」と言ってくれるようになり、前向きに生きていけるように変わりました。

ところがもう一人の弟さんにはちょっと問題があり、姉であるその方からみても「これは人間として悲しいな」と思うほど嫉妬心の強い人間だったそうで、その方の言葉によれば「とにかく自分にないものを持っている人間をすごく妬むのです。私に対しても他人様に対してもそうなのです。注意しようとしても、言えば言うほど火に油を注ぐような感じになります」とのことでした。その弟さんとは離れて住んでいるので、その方はそれでもとにかく家族浄霊は続けていました。

そうしたある日、その方ははっと「あ、私はこの子を嫌っている」と気づきました。どこかに「もうやめてよ。いい加減にしてよ」という気持ちがあると。

「私に愛がないのだから、弟に通じるはずがない」

そういう自分自身の心に気がついたその方は、それから毎日「どうかこの子に愛をください。お願いします。愛の心、感謝の心をわからせてやってください。お願いします」とお祈りするようにしたそうです。そして、弟さんのお嫁さんに対しても「どうかこの子を頼みます。この子に愛を教えてやってください」と、そういう想いで浄霊をし続けたそうです。

その後、しばらく会わなかったその弟さんと久し振りに話す機会ができたとき、その方は弟さんの変化にびっくりしました。なんと弟さんは自分のほうから反省の言葉を述べたのです。

「いろいろと迷惑をかけてすまなかった。いやなことがあるとみんなに当たった。お母さんに当たった。弟にも姉さんにも当たった。本当に悪かった。わかっているんだ」

弟さんはそう言いました。そして「感謝ということもわかっているの？」というお姉さんの問いかけに「わかっている。嫌いな人を嫌いだと思ったらだめだということもわかったし、妻とも、笑顔を絶やさないようにすれば、どんなにまわりが変わっていくかという話をしているよ」とも言ってくれたのです。その方はその言葉を聞いて本当に嬉しくて涙がこぼれたと言っておられました。そうして二人の弟さんを救っていただいたことに感謝しますと頭を下げられました。

さて、ここまで言葉の力、心の力、魂の力について私論を述べてみましたが、いかがでしょうか。皆さんも愛の言葉、愛の心の力を信じて、自分の心のなかに愛を育んでみませんか。その心を持って接していけば、きっとまわりの人たちも少しずつ変わってきて、人間関係もスムーズに運ぶようになり、なによりも皆さんの魂が喜んでくれるはずです。それこそ豊かな広い心を持って頑張ってみましょう。現世でも来世でも幸せになれますようにという祈りを込めて、愛の心、愛の言葉の力を信じて生きていれば、きっと平和で穏やかな日々が訪れること間違いなしです。

ご聖言の参

心眼正しければ
道おのずから極まる

聖

心正しければ　想いおのずと正しからむ
弱き想い　悪しき想いに克《か》ち
神の示す道を歩むべし
新しき道は　光に満ち
幸せの花　咲き乱れるなり

スマホを置いて街へ出よう

先日、電車のなかで異様な光景を目の当たりにしました。向かい合って座っている少女たち二人がケータイを手にして、なにやらメールを送り合いながら笑顔を交わしているのです。すぐ近くにいる友達同士が、どうしてメールでやり取りをしているのでしょう。どうして言葉を声に出して話し合わないのでしょう。これを異様な光景と感じるのは私だけでしょうか。

年輩の方に伺ったところでは、かつて一九七〇年代初頭に、寺山修司《てらやましゅうじ》という劇作家であり詩人である人が「書を捨てよ、街に出よう」というメッセージを若者に呼びかけたそうです。部屋にこもって難しい本ばかり読んでいないで、街に出て現実の社会、現実の世界を見よう、現実の社会、現実の世界と接してみようということだろうと思いますが、さて現代はどうでしょう。たしかに書物を読む人は少なくなり、若者は街に出てはいるようです。ただし、手にはしっかりとケータイを握り締め、あるいはスマホに目をくぎづけにしたまま……。これもまた私には異様な状態に思えるのですが、若者たちには当たり前のことなのでしょうか。

たしかにケータイやスマホは現代の若者たちにとって必需品なのでしょう。ネットを通じて知らない者同士が意気投合し、友達になっていく、その輪がどんどん広がって時には一つの大きなムーブメントを起こす。それもまた良い方向に向かうものであれば、よいことなのかもしれません。

しかし、電車のなかでお化粧直しをする女性たちと同様に、自分の部屋を外の世界へ持ち運んでいる如く、まわりに他の人はいないかのように平然と自分の作業に熱中するというのは、ある意味では「閉じこもり」と同じだと言えないでしょうか。これで街に出たと言えるのでしょうか。

人間は心を持っていて、その心に浮かぶ想いを言葉にして相手に伝えます。それがネットを通じてであってもいっこうにかまわないとも思いますが、現実に隣にいる友達や恋人と直接話すことなく、それぞれにスマホを操作している様子を見ると、やはり私には不思議な世界に思えて仕方がありません。

最近また新しいゲームが人気を呼んで大変なブームを巻き起こしているようですが、スマホの画面で現実の世界とバーチャルの世界が一体となる……。これはひょっとして怖いことではないかと私は危惧《きぐ》せざるを得ない気がします。街で群がって同じゲームを楽しむ人たちは、いったい何を見ているのでしょう。

こうしたゲームによって人が街へ出てキャラクターを捜し歩くことで、メタボが解消されるなどという話もありますが、なにもゲームをしなくても散歩はできますし、スマホがなくてもショッピングを楽しむことはできます。

ちょっと怖い話をしますと、ケータイでもスマホでも、そしてゲームでも、すべては目に見えない電波をキャッチすることで成り立っています。その電波は私たちのまわりを縦横無尽に飛び交っています。地球のまわりを回っている人工衛星や静止衛星からも電波はつねに送受信されています。ケータイから発信される電波でその物や人の位置を確認することもできます。そうしますと、私たちはつねに何者かによって監視されているということにならないでしょうか。そうです。私たちはケータイやスマホで楽しく遊んでいるつもりで、じつはいつも見張られているのです。

怖いとは思いませんか。私はとても不愉快な想いになるのですが、皆さんはいかがでしょう。そこで、私からの提案ですが、せめて週に一度でもいいのです、ケータイやスマホから解放されてみませんか。スマホを置いて外へ出てみませんか。現実の街、現実にすれ違う人たち、公園で遊んでいる可愛い子供たちの姿、日向ぼっこをするお年寄りの穏やかな表情、そういったものを自分の目で見てみませんか。

きっとスマホにとらわれているときと違って、あなたの素晴らしい視線を通して生き生きとした素敵《すてき》な何かが心に飛び込んでくるはずです。ケータイやスマホを持っていないと不安で仕方がないという人……これは言ってみれば依存症ではないでしょうか。

歩きながらのケータイやスマホが大変な事故にもつながることは、多くの人が指摘しています。とにかく自分だけの世界に閉じこもったまま道路を歩いているわけですから、まわりが見えず、まわりの音が聞えず、現実にすれ違う人たちはまるでそこにいないかのように無視されているわけですから、ぶつかって怪我《けが》をさせることもあるでしょうし、それが原因で争いになることもあるでしょう。もっと危ないのは立ち入り禁止の場所に気づかないで入り込んで事故にあったり、人に大迷惑をかけたり……これは他人事ではありません。いつあなたの身に降りかかってくるかわからないことなのです。

もう一つ私が危惧するのは、ネット上にデマが飛び交わないかということです。一九二三年（大正十二年）の関東大震災の際、むろん当時はケータイもスマホもありませんが、そのときにどこからか「朝鮮人が井戸に毒を投げ込んだ」というデマが飛んでそれが広範囲に広がり、そのために暴徒となった人たちが在日朝鮮人の大量虐殺《ぎゃくさつ》事件を引き起こしたという、信じられないような悲惨な歴史的事実があります。人の口を通じて次々に伝えられるだけでもこうした大事件が起こるのです。

現在、もしこうしたデマを流そうとしたらどうでしょう。ネットを通じていくらでも人々の心を操作することは可能になります。間違った情報を故意に流そうとすればいくらでも可能なのです。これは恐ろしいことではないでしょうか。皆さんにはデマに踊らされない自信がありますか？

もう一度繰り返しましょう。寺山修司という人が言われたという「書を捨てよ、街へ出よう」ではありませんが、「スマホを置いて街へ出よう」と私は提案したいのです。

そしてまた、車を運転すればカーナビがありますね。とても便利であることはたしかですが、カーナビに頼ってばかりいると道路地図が読めなくなりませんか？　地図が読めないということは頭が働かない、心が働かないということです。ひょっとして人間がせっかく持っている頭の知恵、心の知恵を退化させる結果につながるのではないでしょうか。

これもよく考えると恐ろしいことでしょう。原子力発電所の事故を見るまでもなく、文明の利器は諸刃《もろは》の刃《やいば》です。ケータイもスマホもゲームも、便利で楽しいものではあるでしょうが、やはり危険な面も持っていることを忘れないようにしたいものです。

清らかな汗を流してみませんか

私の東京での知り合いに五十代の夫婦がいます。

この夫婦は共働きなのですが、土曜日となると必ずと言ってよいほど山歩きに出かけます。「登山」ではなく「山歩き」ですからさして高い山へ登るわけではありません。せいぜい六〇〇から八〇〇、九〇〇メートル、高くて一二〇〇メートルちょっとといった程度の山です。登山用のベストを着こみ、リュックを背負って水筒を持ち、足には登山靴という格好で夫婦そろって出かけるようです。

「空気がおいしいし、お水がおいしいし、なによりも山頂で食べるおにぎりがおいしいんですよ」と二人は声をそろえて言います。もちろん二人はケータイもスマホも持ってはいません。その山地の地図を手にして山道をたどるのです。それでいままで迷ったことはないとのこと。

「汗がね、街でかくのとまったく違うんです。つつーっと額から流れる汗が清らかなんですよ」

そうして山の空気をいっぱいに吸って、別世界を充分に堪能《たんのう》した二人は下山してくるのですが、奥さんが言うには「下へ降りてくるとバイクの音とか車の音とかが聞えてくるでしょ。それがとても下品な感じなんですよね」とのこと。この夫婦には文明は下品に思われるようです。

しかし、現代の生活では電化製品も石油製品もなくてはならないものですから、いくら下品だといってもそこから逃れることはできません。生活のために街へ出て会社に出かけなければなりません。山のふもとまで行くには電車やバスに頼らなくてはなりません。原始時代に戻ることは現代人にはとても無理なのです。

「でもねえ、山は本当にいいですよ。一週間の疲れも吹き飛びます。街でほこりまみれになった心が洗われるような感じなんですよ。中毒ですかね」

ご主人は笑ってそう言っていました。登山という中毒ならいっこうにかまいませんし、むしろ奨励すべきものだと私は思います。しかも必ず二人そろってというところが羨《うらや》ましいですよね。とても良いご夫婦だと思います。

皆さんも何かで清らかな汗を流してみませんか。生まれ変わったような気分になれること請け合いです。ウォーキングでもいいでしょう。ランニングでもいいでしょう。テニスでもいいでしょう。サッカー、野球、お年寄りならゲートボールでもよいでしょう。

要するに体を動かすことならなんでもよいのです。蒸し暑い真夏に街で流す汗と違って、登山やスポーツで流す汗は違っていると私は思います。私もかつて空手をやっていましたから、そのへんの感覚はよくわかります。とても爽やかなものですよ。

空手といえば、日神会の会員である若い女性のことを思い出しました。

彼女は勤めていた会社を何かの事情で辞め、次の就職先を探していましたが、なかなか良いところが見つからず、日々鬱々《うつうつ》として過ごしていたそうです。そんな彼女がある日、郵便受けのなかに一枚のチラシが入っているのを見つけました。「空手を始めませんか」という勧誘のチラシでした。しばし見つめていた彼女はふっと決めたそうです。

「よし、やってみよう!」

さっそく空手の道場を訪ねた彼女はすぐに入門し、せっせと修練を続けました。そのうちに自分がどんどん明るく元気に変わっていくのを感じ始めたといいます。落ち込んでいたのが嘘《うそ》のように心は晴々とし、毎日が楽しくなったのです。そうして自らを変革した彼女は見事に、とても良い再就職先を見つけることができました。

「一枚のチラシは神様からの贈り物でした」と彼女は言いましたが、それを見て「よし、やってみよう!」と決心できたのは、彼女も気づかないうちに彼女の魂が後押ししてくれたせいかもしれませんね。魂は人間がより明るく、朗らか、生き生きと生活し、その豊かな心のなかで自らも清らかに向上していきたいのですから。

※冒頭のご夫婦はケータイもスマホも所持していませんでしたが、せっかく持っているものでしたら、登山のときはケータイは持って行ったほうがよいでしょう。とくに初心者や高齢者の場合、思いがけない事故にあうかもしれませんし、地図は持っていても見間違って道に迷ってしまうこともないとは限りません。そして自分の体力を過信せず、決して無理はしないことです。
また、登山やスポーツを楽しむ場合、十分な水分の補給に気を配っていただきたいと思います。脱水症状を起こしたり熱中症になったりしたら、せっかくのレジャーが台無しになってしまいます。この点はしっかりと自己管理をお願いしたいと思います。

自然のなかに美しさを見つけませんか

高村光太郎《たかむらこうたろう》という詩人で彫刻家の人が書いた『智恵子抄《ちえこしょう》』という作品のなかに、「智恵子は東京には空がないという」という箇所があります。

心を病んだ光太郎の妻智恵子は福島の田舎を想い、東京の空はビルの隙間に三角形みたいに小さく見えるだけで、故郷で見た本当の空ではない。本当の空が見たいというのです。

さてしかし、東京には本当に美しい空はないのでしょうか。地域によってはとにかく高層ビルだらけで、上を見上げても空というほどの空は見えないかもしれません。

ある若い女性がこんなことを言っていました。

「このあいだ会社の帰りにビルのあいだから空を見たら、すごく大きくて美しい夕日が見えたの。うわー、きれいだって、しばらく立ち止まって見ていたわ。それでまわりの人たちは見ているかしらと思って見まわしてみたんだけど、みんな私を邪魔《じゃま》そうにしてすり抜けていくだけで、誰一人夕日なんか見ていないのね。もったいないなあって思ったわ」

また、こんなことを言う女性たちもいました。

「会社でのお使いの帰りに道端の駐車場の金網の下をふと見たら、可愛いタンポポが咲いていたのね。通り過ぎるのが惜しくて、しばらくしゃがみ込んで見ていたのよ。どうしてみんな気がつかないのかしら。一生懸命咲いているのに……」

「みんな梅雨時は嫌いだっていうけど、私はそうでもないわ。雨に濡れた公園の紫陽花《あじさい》がとてもきれいなんですもの」

「蝉《せみ》しぐれはたしかにうるさいけど、みんな命を持って必死に鳴いているのだと思うと愛《いと》おしくなるわ」

「夏はやっぱり立葵《たちあおい》ね。すっきりと立った姿とほのかなピンクの柔らかな花がマッチして、たおやかな佳人《かじん》が夕暮れに佇《たたず》んでいる感じが大好きなの」

こうしたことを感じるのはやはり女性の方の感覚なのでしょうか。

都会にも空はあり、自然はあります。「忙しい、忙しい」と言って走り回っているために、ひっそりと、しかし力強く生きている自然の姿に目がいかないだけなのではないでしょうか。

かつて「狭い日本、そんなに急いでどこへ行く」というどこかのポスターがありましたが、私たちはそんなに忙しいのでしょうか。忙しがっているだけではないのでしょうか。そして、大切なものをどこかに忘れてしまっているのではないでしょうか。

平安時代の有名な女流知識人である清少納言《せいしょうなごん》が書いた『枕草子《まくらのそうし》』。その冒頭「春はあけぼの」という随筆のなかに「秋は夕暮。夕日のさして山のはいとちかうなりたるに、からすのねどころへ行くとて、みつよつ、ふたつみつなどとびいそぐさへあはれなり。まいて雁《かり》などのつらねたるが、いとちひさくみゆるはいとおかし」という箇所があります。

「秋は夕暮れがもっとも情趣がある。夕日を背景にした山の稜線《りょうせん》はいつもより間近にくっきりと見えて、そこにカラスがねぐらへ急いでいるのか三羽、四羽、二羽、三羽と飛んで行くのを見るさえ趣《おもむき》があるのに、まして羽根を連ねた雁などがとても小さく影絵のように見えるのはとても素晴らしい」というような意味でしょうか。

この部分が好きだという女性は、「本当に真っ赤な夕焼けの手前では山の稜線がくっきりと近く見えるんですよね。清少納言の感性にはとてもかないません」と話していました。

神は私たち人間を創造される以前に美しい自然を創られました。神の造形が素晴らしいのは当たり前でしょう。私たちはそうした自然の一部として生きているのです。それなのに、まるでこの世は人間だけの天下であるような錯覚にとらわれ、自然の恵みを忘れ去っているのではないでしょうか。

自然は厳しくもありますが、美しくもあります。私たちはあまりにも自然を破壊しすぎてきたのではないでしょうか。そして今後も破壊し続けていくのでしょう。私たちも生きていかなくてはなりません。

しかし、自分だけが「万物の霊長だ」とばかりに少し増長しすぎではないでしょうか。経済的な問題、政治的な問題さまざまあるのでしょうが、少しは立ち止まって自然の大切さに気づくべきではないでしょうか。

これもある女性の話ですが、その女性は父親の転勤で高校生の頃、新潟コシヒカリの産地である地域の社宅に住んでいたそうです。その社宅は事業所と同じ敷地にあり、広い庭には大きな木が天を目指すように立っていたとのこと。その木が、ある日学校から帰ってくると根元からバッサリと切り倒されていました。

少女であった女性はショックを受け、切り株を眺めて涙を流していました。多感な年齢だったせいもあるでしょうが、前日まで堂々と立っていた大木が、人間の手によって無残に切られてしまったという悲しみに耐えられなかったといいます。昨日まで生きていたのに……。

現実的に考えると、この地方は豪雪地帯なので、雪の重みで大木が折れて建物に倒れかかるのを防いだということなのでしょう。ただ、高校生の少女としては、そんな大人たちの考えなど知るよしもなく、ただただ悲しかったのだと思います。単なる感傷だと言ってしまえばそれまでですが、こうした感情は笑い捨てるものではなく、むしろ大事に育ててあげるべき感性ではないでしょうか。

もう一つ、古典文学からなるほどと思う詩の一節をあげてみましょう。

「琴詩酒の友は皆我を抛《なげう》ち　雪月花の時　最も君を憶《おも》ふ」

これは『和漢朗詠集《わかんろうえいしゅう》』にある詩ですが、もとは『白氏文集《はくしもんじゅう》』という唐の白居易《はくきょい》の詩文集にあったものだそうです。

「一緒に琴を弾いたり、詩を詠んだり、酒を楽しんだりした友はみな自分を捨てて顧《かえり》みなくなり、素晴らしい雪景色や美しい月、きれいな花などの季節には、とくに君のことを想うのです」という意味で、「君」とは帝《みかど》を指すのでしょうか。詳しいことは私にはわかりませんが、つまりは「雪や月や花」といった風情のあるものを見ると、あなたとともに眺《なが》めて「きれいだねえ」と語り合いたいと切実に思う、そのあなたは悔《くや》しいことにいま私のそばにいない、ということだとすると、現代の私たちにもわかるような気がしますね。何か美しいものを見たとき、「ああ、妻にも見せてやりたいな」とか「夫といっしょに見たいなあ」などと思うことは皆さんにもあるのではないでしょうか。

じつはこの詩はかつて古くからの友人に教えてもらったものです。その友人は三十代半ばに、十数年ものあいだ連れ添った奥さんとある事情で別れてしまったのですが、離婚して一年近く経った頃、別れた奥さんから一枚の手紙をもらったそうです。そこには「雪月花時最憶君」と書かれていたとのことで、つまり「雪月花の時　最も君を憶ふ」ということですね。

それを見たとき、友人は奥さんとの楽しかったいろいろな出来事を想ったそうです。二人の仲がもとに戻ることはありませんでしたし、いまではもうお互いに他の伴侶《はんりょ》を得て新しい生活を始めているのですが、波風もなく仲良く暮らしていた十数年の思い出は、おそらくいつまでも二人の胸に残っていると思います。

さて、とりとめのない話に脱線してしまいましたが、ここで私が申し上げたかったことは、もっと心の眼を開いてみたらいかがでしょうということなのです。視覚障碍者の方には申し訳ないのですが、そうでない私たちには眼というものがあります。しかし見るということは網膜に映るということではありません。目にしていながら実際には見ていないことはたくさんあります。ほとんど見ていないと言っても過言ではないかもしれません。

私たちはせっかく美しい自然に囲まれて生きているのですから、もっと視野を広げ、心の眼を開いてまわりを見てみてはいかがでしょう。これまで気がつかなかった美しいもの、大切なものが見えてくるに違いありません。その素晴らしい美しい情景をあなたの心にインプットされてください。

きっとあなたの新しい世界が開けてくることと思います。

自分信仰もほどほどに

今度は首都圏に住む六十代のある女性に聞いた話をしてみましょう。

その人の親友のことです。その親友を仮にYさんとしましょうか。Yさんの中年以降の人生は決して幸せとは言えないでしょう。ご主人は五十代で亡くなり、続いて実の妹さんにも先立たれてしまいました。

そして現在は、九十歳を超えた認知症のお母さんのために、一年のほとんどは遠い故郷へ帰っているのです。それでもYさんは決して暗い顔などしていません。介護に疲れるとお母さんを施設に預け、首都圏にある自分の家に戻ってきます。

そして、大好きな歌手のコンサートに出かけたり、近くに住む息子さん夫婦のところへ孫の顔を見に行ったりして、自分自身のために休暇を与えるのです。自分へのご褒美《ほうび》でしょう。

「うちへ帰っているよ。どこかで会わない?」

首都圏へ戻るとYさんは親友である知人のところへ電話してきます。それがとても明るい声なのだそうで、「私のほうが元気づけられる気がするんですよ」と知人は言っていました。Yさんは一生懸命に生きているのですが、その一生懸命さを人に感じさせません。息を抜く方法を心得ていて、自分自身を取り戻す時間とゆとりを失わないように注意しているからではないでしょうか。生き方上手とでも言うのでしょう。

何事かに一生懸命取り組むというのはとても大事なことではありますが、あまりに突き詰めて頑張ってしまうと自分自身が苦しむことになります。一生懸命もほどほどにしないと、「私が」「私が」になってしまい、まわりが見えなくなります。下手をすると自分が思い込んでいるほどに、人様は評価してくれない結果になってしまうことさえあります。

会社での仕事もそうです。脇目も振らず一生懸命というのも決して悪いとは言えませんが、それが度を越すと上司や同僚のしていることが見えなくなり、指導や忠告も耳に入らなくなってしまいます。そこからは反省も、新しい発想も、新しい発見も出てきません。その心の姿勢は「私はこんなにやっている」「私がいなければ仕事は進まない」などといった誤った自信につながりかねません。私はそのような心を「自分信仰」と呼んでいます。自分信仰は少しでも間違うと、とても傲慢な心になってしまいます。

自分信仰とは、「自分はなんでも知っている、わかっている、自分はよくできる優れた人間だと勝手に思い込む自尊心の強い心のこと」と私は規定していますが、「自惚《うぬぼ》れ信仰」と言い換えてもよいでしょう。

「私は一生懸命やっている。私は悪くない。悪いのはいつもサボっているあの人よ。どうして私が叱られなくてはならないの」

本当にあなたは悪くなかったのでしょうか。全体の仕事の進行状況をちゃんと把握していましたか。同僚との連携をきちんと取っていましたか。

「うちの姑《しゅうとめ》は何かあると嫌味ばかりでいやになってしまう。私は炊事、洗濯、掃除、育児と人一倍いつも一生懸命やっているのに……」

あなたは姑さんの立場や思いやりに気づいていないのかもしれませんよ。

「俺は毎日くたくたになるまで働いている。俺が一生懸命働いたお金で飲んでいるのに、なんで妻のおまえに文句を言われなくちゃならないんだ」

奥さんはあなたの健康を心配して、少しはお酒を控えるように助言しているのではありませんか。

自分信仰は傲慢、高姿勢につながります。そしてこの傲慢、高姿勢は決して良い想念とは言えません。どうでしょう。少し肩の力を抜いてみませんか。自分自身に休みを与えてみませんか。間違った自信や自分信仰に陥《おちい》らないように、ときには心にゆとりを持ってまわりの世界を見まわしてみませんか。

他にも一生懸命に生きている人はたくさんいます。それがわかれば人にも優しく接することができるようになり、先に述べたような美しい自然も目に入ってきて、きっと新鮮で新しい何かが見えてくると思うのですが……。

逆転発想で幸せになろう

人間の心はプラス志向になったりマイナス志向になったり、刻々と揺れ動いて変化しています。なかなか自分の心を調整し制御するのは難しいことです。しかし、心がけによってはそれも可能になるかもしれません。

例えば、目指していた一流企業の受験に失敗した。「ああ、やっぱり自分はだめだ。もう人生真っ暗だな。こんな自分にはなんの価値もないんだ」などと落ち込んでしまったら、そのとおりの人生を歩むことになってしまうかもしれません。

そうではなくて、「いいじゃないか、一流じゃなくても会社は他にたくさんある。『鶏口《けいこう》となるとも牛後《ぎゅうご》となるなかれ（大きな団体でしりに付いているよりも、小さな団体でもその長となれという意味――三省堂故事ことわざ辞典より）』というじゃないか。合格できた会社で頑張ればいいんだ」と心を切り換えれば、未来は明るく開けてくるでしょう。

「どうして離婚なんてしてしまったのだろう。わがままな夫でも辛抱していればよかったのかなあ。小さな子供を抱えてこれからどうしていったらいいのだろう。両親も高齢で頼れないし、友達に頼るなんて恥ずかしいことはできない。どうしよう。お先真っ暗だわ」。

そんな暗く沈んだ心ではとても生きていけません。お子さんだって幸せになれないでしょう。

ここで逆転発想をしてみましょう。

性格が合わなくて喧嘩《けんか》ばかりしている夫婦に育てられるより、お母さんだけでも、そのお母さんの明るく溌剌《はつらつ》とした生き方を見せることで、お子さんは力強く育っていくと思います。「そうよ、これでよかったんだわ。負けないで生きてやる！素敵《すてき》で条件がいい会社を見つけて、子供を立派に育ててみせる！」。それくらいの意気込みで人生に立ち向かっていってはどうでしょう。

現に、私の知人のある女性は、離婚後、自宅でできる校正の仕事を見つけ、小さな子供さんを連れて頑張っていました。出来上がった仕事を持って事務所に出かけるときは、友達夫婦の好意に甘えて子供さんを預けていました。それでいいのです。困ったときはお互い様です。友達に頼ったっていいのです。下手な自尊心は捨てていいのです。考え方を変えれば、幸せに生きる方法はいくらでも見つかるのではないでしょうか。

日神会の会員さんはよくこんなことをおっしゃいます。

「交差点でひどい事故に巻き込まれて車はぺしゃんこになってしまいましたが、おかげさまで体にはかすり傷ひとつ負わずに助けていただきました」

「大腸ガンで手術をすることになり、人工肛門になると言われていましたのに、おかげさまで手術は無事にすみ、人工肛門にもならずにすみました。ありがたいことです」

「自分の不注意から火傷《やけど》をしてしまったのですが、おかげさまで軽くすみ、引き攣《つ》れなどの痕《あと》も残りませんでした。ありがとうございました」

「神様のおかげでいつも大難を小難に、小難を無難に変えていただけます。ありがとうございます」

「大病を患《わずら》ったおかげで日神会とのご縁が頂けました。これも神様のお導きだと感謝しております」

いかがですか。心の持ち方で幸不幸が分かれると思いませんか。

「だいたい宗教の信者ってそういうことを言うのよね。みんな偶然よ。神様の力じゃないわ」

「イワシの頭も信心からって言うじゃないの」

そうでしょうか。

仮にすべてが偶然であったとしても、その結果をどう受け止めるかによって心のあり方は変わってきます。自動車事故にあった。「買い換えたばかりの車がぺしゃんこ。ああ、ひどい災難にあったわ。なんてついてないんだろう」。そういって落ち込むよりも、自分に怪我がなくて良かったと前向きにとらえるほうがよほど救われるでしょう。

「大腸ガンになるなんて最悪だな。手術、入院、まったくついてなかったよ」。そうした暗い気持ちになるよりも「いやあ、人工肛門にならずに幸いだったな。助かった」と何かに感謝したほうが、プラス志向で前向きになれるのではないでしょうか。

ある人の体験を聞きました。その人は胃潰瘍《いかいよう》を起こして入院し、ＩＣＵで輸血した当初は意識も朦朧《もうろう》。一般病室に移っても、一週間余は点滴ばかりでお茶も飲めませんでした。他の患者さんにお茶が配られ、食事が運ばれても、その人は何も口にできませんから、羨ましいなと思うばかりでした。

そして、やっとお茶を飲んでよいという許可が出て、一口含んだとき「ああ、おいしい。お茶ってこんなにおいしいものだったんだ」と感激したそうです。そうして少しずつ重湯、スープ、おかゆとだんだんに食べられるようになり、ひと月あまりで退院したのですが、普通食が許されていましたから、ご飯も食べることができます。

「ご飯ってこんなに甘かったのか。牛乳ってこんなに香ばしかったのか」

そうしてまた数週間。お酒を飲んでもよいという許可が出て、その人は本当に久し振りにビールを口にします。

「ああ、うまい！」

「とにかく飲み物、食べ物の味がすごく強烈に舌や胃に染みるんだよね。あの感激は病気をしたおかげで味わえたんだと思うよ」

その人はとても感動した面持ちで話してくれました。それまでは何気なく飲んでいたビールや牛乳、何気なく食べていたご飯やパン、そうしたもののそれぞれの味、それぞれのおいしさが際立って味わい深く感じられたのでしょう。私もそんなおいしいビールを飲んでみたいと思います。といって、そのために絶食するわけにはいきませんが。

そういえば知人のなかに数日間断食を体験したという人がいて、その人も久し振りに口にした食べ物の味の強烈さ、おいしさにあらためて感動したと言っていました。当たり前と思っていることがじつは素晴らしいことなのです。当たり前ではないのです。毎日元気に生きている。それこそがありがたいことなのです。そこに気がついたらもうしめたもの。幸せのなかにある自分自身を感じたら、神に感謝する気持ちも湧いてくるはずです。

物事をマイナス志向でなくプラス志向でとらえ直す。この逆転発想が皆さんに幸せを運んでくれるのではないでしょうか。この世はなんて素晴らしい！　そういう感動を数多く受けていたら、それこそ素晴らしく幸せなことではありませんか。

「くよくよ」からは何も生まれない

人間には肉体と頭の頭脳と心があり、その心のなかに魂が育まれているということは先にも述べました。そして人間は神の子ですから、神に頂いた魂は精進によっていつかは神にでも向上できる存在です。

とは言っても、哀しいかな人間は神ではありませんから万能ではありません。完璧な存在でもありません。ですから失敗もします。失言もします。

「ああ、夕べは飲み過ぎたなあ。頭が痛くてしょうがない。こんなことで会社を休むわけにはいかないのに、苦しくて辛くてたまらない。なんて俺は馬鹿なんだろう。そういえばたしか隣に座っていた同僚につまらないことで言いがかりをつけて、からんでしまったような気がするな。本当に俺はだめな人間だ」

「昨日、私は部下になんという筋違いな小言を言ってしまったのだろう。新しいプロジェクトがうまく進まなくて焦《あせ》っていたとはいえ、あいつには悪いことをしたなあ。なんて私はだめな上司なんだろう」

「先週、課長に叱られたとき、自分が悪いことはわかっていたのに、どうして口答えをしてしまったんだろう。課長はきっとかんかんに怒っているだろうな。これでもう出世は望み薄だろうなあ。馬鹿なことをしてしまった」

「このあいだ親友とお茶を飲んだとき、彼女があまり自分勝手なことを言うから、つい『あんたずいぶんエゴイストね』なんて失言をしてしまった。彼女のことだからたぶん落ち込んで私を恨《うら》んでいるだろうな。しまったなあ」

「夕べ夫にずいぶんひどい文句を言ってしまった。夫はきっと不愉快だっただろうな。なんて考えの足りない私だろう。自分がいやになってきた」

「お母さんは認知症だってわかっているのに、ついひどい言葉を投げつけてしまった。私は優しくないなあ。いくら疲れていたからって、言っていいことと悪いことがあるのに、私って人間失格かもしれない」

「あんなに一生懸命に勉強したのに、僕はやっぱり目指す大学には合格できなかった。僕はなんてだめな人間なんだ。もともと頭が悪いんだろう。この先の人生もこうして負け犬のまま生きていくことになるのかなあ。死んだほうがましかもしれない」

「いくら夫と喧嘩したあとだって、どうして子供に『早く食べなさい！　なにぐずぐずしているの』とか『勉強はどうしたの。ちゃんとしないと私立の有名校には入れないわよ。そうしたらお父さんみたいに一生うだつが上がらなくなってしまうんだから』なんて、夫にも子供にもひどい言葉で叱ってしまったのだろう。自分のイライラを夫にばかりでなく子供にまでぶつけてしまって、私はなんてつまらない人間なんだろう」などなど。

こんなことで落ち込んだ体験は皆さんにもあるのではないでしょうか。そして、いつまでもその失敗に悩んで落ち込み、くよくよする毎日を過ごすこともあるでしょう。しかし、よく考えてみてください。「くよくよ」からは何も生まれません。失敗が気になって何事にも手がつかない。他のことは何も考えられない。こんな状態では心が本当に暗く落ち込んでしまいます。それでは心のなかの魂も悲しんでしまいます。

心のちょっとした油断のせいで失敗してしまうことは誰にでもあります。失言をすることも誰にでもあります。その一つひとつにいつまでもとらわれていたら、一歩も前へ進むことができません。

人間は「反省」することもできますし、「すみません」「ごめんなさい」と謝ることもできます。自分の失敗や失言にまず気づくことが先決ですが、じつは気づいた時点で半分は解決していると言っても過言ではないのです。気づくことができれば誠心誠意謝ることもできます。反省することもできます。

先に「逆転発想」のことを述べましたが、「ああ、私はなんてだめなんだろう」と気づけたことにまず感謝しなければなりません。一度口にしてしまったこと、一度失敗してしまったことは決して元には戻りません。しかし、やり直すことはいくらでもできます。それこそ逆転発想で、マイナス志向をプラス志向に変えていけばいいのです。

これも言うは易《やす》し行うは難《かた》しで、なかなか難しいことかもしれません。しかし、くよくよと落ち込んでばかりでは、それこそお先真っ暗ですね。なんとか自分を取り戻して新しい一歩を踏み出したらいかがでしょう。きっと先に新しい光が見えてくるはずです。

人間は弱い存在です。だからこそ強い心を育てることもできるのです。

なぜ私がこのようなことをくどくど述べるかといいますと、暗く落ち込んだ心、くよくよした進歩のない心は、神霊学的に言えば低級霊の格好の餌食《えじき》になるからなのです。霊界で上界に行くことができずにさ迷っている低級霊、地獄に落ちて苦しんでいる地獄霊、ひいては悪霊などは、暗い心、落ち込んだ弱い心を狙っています。

怖がらせるわけではありませんが、人間に憑依《ひょうい》してくる霊は、その人の弱いところを目指します。目が弱い人には目に、膝の弱い人には膝に、肩が弱っている人には肩に、〝心が弱っている人には心に憑依〟してくるのです。このところどうも心が落ち着かない、不安感に襲われる、恐怖感が消えてくれない……。ひょっとして心に霊が憑依しているのかもしれません。どうも頭がぼんやりして難しいことが考えられない。ひょっとして頭に霊が憑依しているのかもしれません。霊など信じないという方には「そんなことあり得ないよ」と一笑に付されるでしょうが、これは本当のことなのです。

かつては「狐《きつね》ツキ」などといわれて、祈祷師《きとうし》に頼んでも暴れ回る症状が解消されず、ひどい話ですが、取り憑《つ》いてもいない狐をあぶり出すために煙でいぶされたり、体を縛り付けられたり、押さえつけられたりしたという症状。これは私に言わせれば明らかに人霊の憑依によるものです。心にも全身にも人霊が憑依しているのです。ですから日神会の浄霊法によって人霊を救済してあげれば、すぐにも解消できるはずのものなのです。

日神会が「明るく、朗らか、生き生き」を大事にするのは、そうしたプラス志向の心には霊は取り憑いてこないという意味もあるからです。失敗したらやり直せばいい。失言したら謝罪したらいい。それも口先だけでなく心のこもった謝罪。そして神様にも自分自身の魂にも謝ったらいかがでしょう。くよくよと落ち込んだ心のなかでは、魂も悲しんでいるからです。魂は美しく向上したいのですから。そしていつかは神の御心にかなう魂となって、神の御許《みもと》に帰りたいと願っているのですから。

「くよくよ」からは何も生まれません。「くよくよ」と落ち込んだ心は霊の憑依を受けやすいのだということを覚えておいていただきたい。

体から心へ、心から体へ

「健全なる精神は健全なる身体に宿る」という言葉があります。

これは有名な格言ですから皆さんもご存じのことと思います。また「病は気から」という言葉もありますね。たしかにそのとおりで、体と心がつねに連携をとりながら私たちは心身を働かせています。落ち込んだ心は体を弱々しくし、弱くなった体に宿る心は狭く小さく萎縮《いしゅく》してしまいます。先に落ち込んだ心は低級霊のよい標的であると書きましたが、そればかりではなく、落ち込んだ心は体をも弱々しくしてしまいます。

例えば、「何をやってもうまくいかない。私は神様に見放されたのだろうか。ああ、もう私はだめだ。生きていく気力もない」などと落ち込んだ心でいると、食欲は衰え、夜も眠れなくなり、体を動かすのもおっくうになりますね。そうすると体はどんどん弱くなって、ますます元気がなくなるという悪循環に陥ってしまいます。この悪循環を断ち切るためにはどうしたらいいのでしょう。なんとかして心を切り換えようとしても、弱り切った体や心ではどうにもなりません。

そこで「健全なる精神は健全なる身体に宿る」という言葉が大事になってくるのです。先に「清らかな汗を流してみませんか」という項で、空手を始めたことによって落ち込んだ心を立ち直らせた女性の話を紹介しましたが、この女性のように、心身の落ち込み悪循環は自分自身で乗り越え、改善していかなくてはなりません。神様はそこまで助けてはくださいません。「私の心を明るくしてください」とお願いしても、それは人間自身の自己責任ですから神様は一切タッチしてくれません。

日神会では健康管理の基本として「食べる、動く、寝る」の三つをあげています。「食べる」。これは日ごろ当然のように行っていることですが、気が滅入っているときなどにはどうしても「食べよう」という意欲が湧いてきません。それでも頑張って食べること。人間は食物を摂ることで生きているのですから、食事をやめたら死んでしまいます。

また、体はつねになんらかの動きをしていますが、やる気をなくした心では体を動かすこともなかなかできなくなるでしょう。そして不眠に陥ってしまったら、最悪の状態になってしまいます。

少々無理を感じてもまず食べること、そして体を動かすことです。なにも登山や空手の修練をするなどという大変なことをしなくてもいいのです。散歩でもウォーキングでもいいのですから、とにかく外に出て外気を胸いっぱいに吸ってみてください。そして行き交う人々や道路わきの草花に目をやってみてください。少しは気が晴れませんか？　少しは元気になりませんか？

もし外へ出るのがおっくうだと感じるのであれば、まずは室内でもいいですから屈伸運動でもラジオ体操でもかまいません、気力を振り絞って行ってみてはいかがでしょう。かつてある新聞で読んだのですが、お掃除やお皿洗いなどの些細な動きでも、しないよりはしたほうが健康には良いそうです。机の上の整理でも、部屋の片づけでもなんでもよいですから、体を動かしてみてください。

体を動かせば食欲もそれなりに出てくるでしょうし、快い疲れがあれば夜もぐっすりと眠れるようになるのではないでしょうか。こうして悪循環を良循環に変えていくことができれば、落ち込んだ心が晴々として、頑張る気力が湧いてくるのではないでしょうか。

体は心をつつみ込む衣です。そして心は魂をつつみ込む衣です。体を鍛《きた》えることで、心を鍛えることは可能なのです。そして健全な体と心のなかで、魂は健全に育まれていくのです。スポーツ選手を見てみましょう。野球、サッカー、スケート、柔道、重量挙げ、陸上競技……。あの気迫はどこから出てくるのでしょう。それが心から出る「気」なのですね。むろんスポーツ選手にも落ち込むことはあるでしょう。しかしきっと彼ら、彼女らは、さらに練習に励むこと、すなわち考え込まないで体を動かすことで、その落ち込みを克服しているのだと思います。素晴らしい精神力ですね。

私たちはとてもスポーツ選手のような体力を持ってはいません。彼ら、彼女らのような精神力を発揮することは難しいでしょう。しかし、自分なりの運動の仕方、自分なりの心の持ち方で、落ち込んだ悪循環を乗り越えることはできるはずです。繰り返しますが、とにかく体を動かしてみてください。少しずつでもよいのです。

まずはちょっとだけでもよいですから頑張ってみませんか。

「やれる、やれる、自分にはできる！」と言い聞かせてもよいでしょう。また、「神様、屈伸運動を二十回できるようにお力をください」などと、心で祈ってもよいのです。健康の管理は人間の自己責任ですが、祈ることで力が湧いてくるようであれば「神様、神様」と心で呼び続けてもかまいません。とにかく運動を心がけてください。

曇った心、落ち込んだ心はきっとどこかへ飛んで行き、晴々とした心になることでしょう。

「食べる、動く、寝る」。この原則を忘れずに実行すること。それが体も心も健康にしていく基本になるのです。この三つも考えてみれば連動していますね。食べるから動けますし、動くから夜も眠れるのです。

この良循環を身に付ければ、健全な心を宿した健全な身体を維持することができるはずです。悩んだり落ち込んだりしている人は、そこで立ち止まっていないでぜひこの「食べる、動く、寝る」を実行してみてください。自己変革は可能なのです。

話は飛ぶようですが、例えばサラリーマンの方、朝起きて洗面を済ませ、朝食を摂って、鏡に向かって背広に着かえてネクタイをピシッと締めると、「さて、今日もやるぞ！」という気持ちになりますね。主婦の方、朝起きてエプロンをきちんと締める。「さて、今日も元気で頑張るぞ」という気持ちになりませんか。警察官や警備会社の方ばかりでなく、職場には制服のあるところが多いですね。出勤して制服に身を包む。そして鏡を見て身だしなみを整える。「さて、やるぞ！」という気力が湧いてくるはずです。

どうしてこんなことを述べたかといいますと、体は心の衣だと先ほど述べたことと関連してくるからです。心、心、心が大事といっても、それを支える体が弱々しかったら心も付いて行きません。体が制服を着たようにピシッとしていれば、心もピシッと引き締まってくるのです。

だらけた服装では心もだらけます。不健康な体では心も落ち込んで不健康になってしまうのです。まず制服をしっかりと着込んでみたらどうでしょう。つまり健康管理に気を配ってピシッとした体をつくること。そうすれば、連携している心もピシッとして気力も満ちてくると私は思うのです。疑うなかれ。ぜひとも実行してみてください。

人に好かれる人間になろう

人間は一人では生きられません。

家庭をつくり社会をつくり、人間関係のなかで生きています。そうであれば、まわりの人に嫌われるよりも、みんなに好かれる人間になりたいものですね。そのためにはどうしたらよいのでしょう。

皆さんはどんな人が好きですか？　というよりも、どんな人が嫌いですか？と聞いたほうが答えは出やすいでしょうか。皆さんはどんな人が嫌いですか？

偉そうにしている人。人を見下したような顔をしている人。上から目線で人を見る人。お山の大将みたいにふんぞり返っている人。怒鳴り散らす人。無愛想な人。暗い顔をした人。落ち込んでばかりいる人。声をかけても返事もしない人。自分のことしか眼中にない人。傲慢な態度をとる人。自分だけが頭がいいと思っているような人。お金持ちを鼻にかけているような人。自分は美人だと思い上がって澄まして歩いている人。人を馬鹿にした態度をとる人。自慢たらたらの人。自分だけ楽な仕事をしようとする人。いじいじと愚痴《ぐち》ばかりこぼす人。おしゃべりな人。偏屈《へんくつ》な人。頑固《がんこ》な人。悪意をむき出しにする人……。いろいろ出てきますね。

さて、人に好かれる人間になりたかったら、どうしたらいいか。答えは簡単ですね。これら人に嫌われる人間のような態度は絶対にとらないことでしょう。「それはわかっているけれど……」という声が聞こえてきそうです。

そうですね。人間は肉体を持つ動物ですから、動物の心も持っています。まして悪魔の心さえ持っているのです。

日々いろいろな出来事にぶつかるなかで心はさまざまに揺れ動きます。上司に反発する心が湧いたり、同僚を羨む心が出てきたり、憎悪の心を抱いたり、嫉妬の炎を心に燃やしたり、泣き出しそうに落ち込んだり……。あるいは、新しいブランド物のバッグを自慢したくなったり、すてきな靴を見せびらかしたくなったり、成績の良い子供の自慢話をしたくなったり、夫の栄転を誇《ほこ》らしく思って隣人に話しまくったり、嫁や姑の悪口をつい人に話したり、夫の不甲斐なさを愚痴ったり……。そんなことはよくあることでしょう。それどころか、「あいつめ、殺してやりたい」とか「あんなやつ、死んでしまえばいい」などと、悪魔のような心が湧いてきてしまうことだってないとは限りません。思えば人間の心ほど厄介なものはありませんね。

さて、ではどうしたらよいのでしょう。

一つには自分で自分の間違った想念に気づいて心を切り換えることですが、これがなかなか難しい。自分の心や言動の間違いに気づくことがそもそも難しいのです。鏡を見るという方法もあります。いやな想いを持っているとその想いはいやな表情として鏡に映ります。それで反省することは可能です。しかし、それもなかなか難しいとすると……。

よく「人のふり見て我がふり直せ」といいます。「人の行動のよい点悪い点を見て、自分の行動を反省し欠点をあらためよ（三省堂・故事ことわざ辞典）」ということですね。また「人を以《も》って鏡となす」という格言もあります。人は鏡ということですね。

この格言の意味とはちょっと違いますが、例えば、自分がなにかを言ったとき相手がちょっといやな顔をした。「ひょっとして私いま何か悪いことを言ったのかな？」と振り返ってみる。これが反省する助けになるかと思います。

この頃、子供が自分の言うことを少しも聞かなくなった。「まさか私の叱り方に間違いがあったのではないかしら」と反省してみる。これも自分の欠点を見直すチャンスになるかもしれません。

最近、どうも夫の態度が冷たくなったような気がする。「ひょっとして私が何かわがままな態度をとったのかしら」。いままで優しかった姑が、このところどうもよそよそしい態度をとるようになった。「私、なにか気に障ることを言ったのかしら」。長いあいだ付き合ってきた親友が、最近メールもよこさなくなった。「どうしたのだろう。私の何が気に入らなくなったのだろう」……。

もしかすると相手のほうに問題があるのかもしれませんが、それよりもまずは自分自身を反省してみることが大切です。いろいろと思い起こしてみれば、なにかしら思い当たることが出てくるのではないでしょうか。そうすれば改善することは可能です。なによりも自分で気づくことが大切なのですから。気づけば直せばいいのです。心の持ち方を変える。言動に気をつける。相手を思いやる心を取り戻す、つまり愛の心を取り戻す。

そうです。人に好かれるには、まず自分自身が愛の心を持つことが大切です。「愛」とは「相手を慈しむ心」「相手を大切に想う心」「相手に良かれと願う心」。このあいだ夫婦喧嘩をしたとき、自分に夫を愛する気持ちがあっただろうか。子供の試験の点数がいつもより悪かったとき、本当に子供を愛して接してあげただろうか。自分の人様への見栄で叱ってしまったのではないだろうか。姑に頼まれたことをしてあげたとき、心から姑のためを思ってしてあげていただろうか。友達にわがまま勝手なメールを送ってしまってはいなかっただろうか。親友といいながら本当にあの人を愛していただろうか。

このように反省することで自己変革の第一歩が始まるのです。そして、「人のふり見て」というように、自分は高慢ちきではなかったか、人を見下ろす態度をとっていなかったか、お隣の奥さんに夫の自慢話をしていなかったか、姑に関する愚痴を実家でこぼしていなかったか、うっぷん晴らしに子供に当たっていなかったか、落ち込んだ暗い顔ばかりしていなかったか、苦手な人に無愛想な態度をとっていなかったか……、いろいろと反省することが出てくると思います。それを直していけばいいのです。一朝一夕には改善できないと思いますが、それこそ一歩、ひと言ひと言に注意していけばいいのです。

次の章でくわしく述べるつもりですが、神様は傲慢や高姿勢の態度を嫌われます。そして謙虚で礼儀正しい態度と心、神や人を敬う姿勢を好まれます。人間だって同じことですね。傲慢な人を好きになる人はいません。高姿勢の人を好ましく思う人はいません。プライドばかり高くて威張っている人を誰が好きになるでしょう。やはり控えめで謙虚な人、優しくて礼儀正しい人、まわりの人を敬う心を持っている人、そうした人が好かれますよね。

そして笑顔。「笑《え》みの心」の大切さは先にも述べましたが、いつどこで会ってもにこにこと「こんにちは」と声をかけてくれる人を嫌う人はいないでしょう。自分に対する愛情が言動に表れている人を嫌う人はいないでしょう。やはり愛の心と笑顔が第一でしょう。まずはそれを心がけていれば、あなたはまわりの人みんなから好かれ、愛されること請け合いです。愛し愛されて培《つちか》われる人間関係。素敵ですよね。

感謝の心があなたを幸せにする

かつてある六十代の女性がこんなことを言っていました。

「お正月に高校時代の同級生から年賀状が来たんですけど、そこに『毎日ご飯がおいしく食べられることをありがたいと思う年齢になりました』と書いてあったんです。本当に私も六十を越えてから、若い頃は当たり前と思っていたことをありがたいと思うようになりました。年は取りたくないといいますけど、年を取るのもいいことですね」

また、日神会会員のある女性は何度目かの浄霊儀式を受けられたあと、こんなお話をされていました。その女性は、それまでの人生のなかで一番嬉しかったのは、教祖の著書『大霊界』シリーズに出会えたことだとおっしゃいました。

「人間の心はどうしてこんなに複雑なんだろうと私はいつも思っていました。自分にも悪魔のような心もありますし、いろんな心があります。人間は本来美しい心とか愛の心、みんなと仲良くしたいという心を持っているはずだと思いながら、私のなかにも、それを邪魔するような心も出てきてしまうのはなぜだろうといつも考えていました」

そうしたときその女性は『大霊界』の著書に出会ったわけです。そこには「神様は人間に三つの心を与えてくださいました。神の心、悪魔の心、動物の心の三つです」ということが書かれていました。

「ああ、そうだったのか」

それで目から鱗《うろこ》が落ちましたと、その女性は語ってくれました。その三つの心が絶えず闘っていて、どの心が勝つかということなのですね、と。そして、自分の心の軸をどこに置けばいいかをいつも考えながら、神様の心にそえるような暮らしができたらいいと思っていますとおっしゃいました。

「なかなか難しいことなのですが、心がふらついているなと感じたときは、自己浄霊をさせていただいたり、お祈りをさせていただいたりします。そして私はいま本当に心が安定しているのです。毎日毎日、感謝、感謝で、どうしてこんなに幸せでいるのかしらって思うのです。どんな小さなことでも嬉しいし、雨が降っても嬉しいし、お天気がよくても嬉しいし、とにかく家族みんなが元気で無事に過ごせることが嬉しいし……。『ああ、こんなに幸せなんだ』ということを日々実感させていただいているのです。そして、その心を少しでもまわりの人に放射できたらいいなと思っています」

その方はそのようにお話を締めくくられました。

「幸せ」は心で感じるものですから、幸不幸はその人の心の持ち方次第といっても過言ではないでしょう。先にも述べましたが、同じような事故にあっても、なんてついていないんだと思うのと、命が助かっただけでもありがたいと感じるのとでは、まったく違った感情を生み出します。どちらが幸せかはおわかりですよね。

幸せは自分で手に入れるものなのです。何が幸せかを決めるのはあなた自身です。神様に漠然と「幸せにしてください」と祈っても、きっと神様もお困りになるでしょう。それはあなたの自己責任だからです。

年輩の方ばかりでなく、若い方でもそうした感覚は持っているはずです。例えば、電車でお年寄りに席を譲って「ありがとう」と感謝してもらえたら、自分自身も嬉しくなるでしょう。そうしたとき、その嬉しい心になれたことをありがたいと思ってみませんか。嬉しい心というのは、幸せな心です。そこに感謝が生まれるのです。

誰でも人に何かをしてもらったら「ありがとうございます」とお礼を言いますよね。「いいえ、どういたしまして」と相手の方が答えてくれたら、また自分も嬉しくなることでしょう。感謝の心のキャッチボールが成り立ったからです。

人と争いたいと願っている人はたぶんいないはずです。人を恨《うら》みたいとか、人に憎まれたいとか、そういった願いを持っている人もいないはずです。人に感謝されるということは、自分の心にも温かさを与えてくれるとても幸せなことです。その幸せに感謝してみませんか。

あるおばあちゃんは、朝起きると洗顔後、東に向かって「お天道様、今日もありがとうございます」と手を合わせます。また、夕方も今度は西に向かって手を合わせ「今日も一日ありがとうございました」とお礼を言います。そして、例えば、都会に住む孫からの手紙を届けてくれた郵便屋さんにも「ありがとうございます」とお礼を言います。陽の光を浴びて野菜がすくすくと育っていても、雨が降って畑が潤《うるお》っても「ありがとうございます」と自然の恵みに感謝します。このおばあちゃん、とても幸せな方だと思いませんか。

もう一人のおばあちゃん。このおばあちゃんは独り暮らしです。働き者ではあってもお酒が大好きだったご主人のために苦労もし、三人の子供を育て上げて普通なら楽隠居といったところなのですが、息子さんが事業に失敗したためにすべては水の泡と消え、ご主人がせっかく建てた家も手放す羽目に陥《おちい》りました。

ご主人は失意のなかで他界し、息子さん夫婦とも一緒に暮らす条件下にありません。娘さんたちはそれぞれに嫁いで遠くにいるので頼ることはできません。結局、小さな借家に独り暮らしとなり、ご主人が残してくれた少しの財産で細々と暮らしています。ただ、息子さんのお嫁さんが毎日通ってきてくれて、お掃除や買い物をしてくれますし、お惣菜《そうざい》も持ってきてくれるので、それでなんとか無事に過ごせているのです。

「いい嫁でよかった。この嫁のおかげで私は幸せだよ。娘たちも定期的に電話や手紙をくれるし、こんな幸せな年寄りはいないよ」

おばあちゃんはいつもそう言っています。普通にみたらどちらかといえば不幸せな境遇にあるのですが、おばあちゃんは毎日、テレビを見たり娘さんが送ってくれる文庫本を読んだりして、けっこう楽しく暮らしているようなのです。このおばあちゃんも「感謝」という心を無意識のうちに手に入れているのではないでしょうか。

「私ってなんて不幸なんだろう」などと落ち込んでいる人がいたら、ちょっと視点を変えてみませんか。夕焼けの美しさや、夜空に浮かぶきれいなお月様、道端の小さな花の可愛らしさ、公園で遊ぶ子供たちの笑顔、ちょっとした人の親切……、そうしたことに喜びを見出してみませんか。いかがでしょう。心の片隅に「嬉しいな」という感謝の気持ちが芽生えてきたら、もう落ち込むことはないのではないでしょうか。

感謝の心はあなたをきっと幸せにしてくれるはずです。

なによりも、いまそこに生きてあることがありがたいことなのです。それに気がついたあなたは、きっと幸せになることでしょう。神様は公平です。愛のエネルギーをすべての人に平等に放射してくださっています。それをありがたく受け止めるか否かは、あなたの心のあり方次第なのです。

あなたが変わればまわりが変わる、世界が変わる

皆さん、いかがでしょう。心の持ち方で幸せになったり、不幸せになったりす

るということ、わかっていただけたでしょうか。そこで、自分が幸せだと感じたら、その幸せをまわりの人たちにも分けてあげたいと思いませんか。

この章のはじめに、私はスマホを置いて街へ出ようと書きました。ケータイやスマホに目をくぎ付けにしていたら、まわりの様子は視界に入りません。まわりの人に気を配ることもできません。手押し車をバスに乗せようとして困っているおばあちゃん、乳母車が電車のドア口にひっかかって苦労しているお母さん、満員電車で座っているあなたの前に立った杖をついたおじいちゃん、大きな荷物を網棚から降ろそうとして難儀している年配の人……。

そうした人のことがまったく目に入りませんね。そんなとき、もしケータイやスマホから目を離していれば、皆さんも神様から愛の心を与えられた人間です、ふっと手を差し伸べたくなるのではないでしょうか。

「まわりなんて関係ないよ。自分が楽しければいいじゃん」

「冗談じゃない。人のことなんかにかまっていられないよ」

本当にそう思いますか？　ちょっと世の中を斜《はす》に見ているのではありませんか。

きちんと自分を見つめてみましょう。それは本音ですか？　それで幸せですか？

「小さな親切、大きなお世話」などという皮肉なはやり言葉が以前ありましたが、とんでもないことで、「小さな親切、大きな援助」と私は言いたいのです。

とくに高齢社会となった現在、小さな親切はとても大事なことだと思います。ちょっとした心遣いがどんなにお年寄りの助けになるでしょうか。私はまだ高齢というわけではありませんが、二十代、三十代の頃に比べたらやはり体力が落ちているのは自覚できます。

これが六十代、七十代、八十代と年齢を重ねていったらどれほど筋力も気力も落ちるだろうと、私なりに想像することはできます。若い人たちにはなんでもないことが、高齢者にはとても大変なことなのです。階段を上り下りする、横断歩道を渡る、バスや電車に乗り降りする、スーパーで買い物をする、荷物を手押し車に乗せて歩く、お料理をする、お風呂に入る、洗い物をする、インターホンが鳴って玄関まで出ていく……、こうしたことが高齢者にはひどく辛いことなのです。困っている高齢者を見つけたとき、ちょっとでも手助けできたらどんなに喜ばれることでしょう。どんなに感謝してもらえることでしょう。

こうした小さな親切が広がっていったら、いやな事件だらけのいまの世の中も少しは明るく変わっていくのではないでしょうか。あなたの視線が変わる、あなたの心が変わることで少しずつでもあなたを取り巻く世界は変わっていくのです。一人ひとりが変わること、それがどんなに大切なことか……。

些細なことから始めてみませんか。そしてお互いが喜びと幸せを分かち合える世界、感謝の心を分かち合える世界。それが本来あるべき人間の姿ではないでしょうか。人間は神の子です。神に恥じない世界、神に喜ばれる世界をつくっていくのが人間の使命ではないでしょうか。

ご聖言の四

神に愛される心抱くは
神へ至る一歩なり

聖

祈りて神の想いに耳を傾けよ
神は命の限りに祈るものに告げるべし
神の声を聴け　耳をすませよ
行く道は祝福され
道標《みちしるべ》は銀色に輝き放つ
ああ　有難きかな

魂の親様を苦しめる憎悪の想念

数年前、まだ教祖隈本確《くまもとあきら》が人間界にあって、私が神霊部長を務めていた頃の話ですが、久し振りに会った友人がそれまでと違って明るい顔をしているのを見て、びっくりしたことがありました。

その友人は、いつ会っても苦虫をかみつぶしたような表情をして、暗い声で冴えない話し方をしていました。生きていることが全然楽しくないと思っているかのように、いつも投げやりな様子だったのです。ところが、その日はそれまでと打って変わってウキウキした明るい顔をして、まるでわが世の春といった感じだったので、そのあまりの変貌《へんぼう》ぶりを不思議に思った私は「すごく楽しそうだけど、何か良いことがあったのかい？」と尋ねてみました。

するど「隈本君、よく聞いてくれたよ。じつはなあ、あいつが会社を辞めたんだよ。とてもいやな上司がいたんだけど、この前、体の不調ということで辞めたんだ。あいつが定年になるまでまだ十年以上もあったから毎日が憂鬱《ゆううつ》だったけど、急にやめてくれて気分爽快なんだ。本当によかったよ。会社のみんなもすごく喜んでいるんだ」と嬉しそうに言ったのです。

友人のあまりの喜びように、少し気後れしながら詳しく話を聞いてみると、「あいつは社長の前ではいつもへこへこしていて、社長の見ているところで俺たちに注意するときは、いかにも部下のことを想って、優しく謙虚に指導していますよと言わんばかりに聖人君子を装っているくせに、社長がいない場所では人が変わったように部下に対して罵詈雑言《ばりぞうごん》。おまけにわがもの顔で振舞《ふるま》う。他にもたくさんありすぎて言葉では言い尽くせないほどだ。社員全員がいじめ抜かれていたんだよ」とのことでした。

私は友人の話を聞きながら、上司の方の悪辣《あくらつ》非情さもさりながら、友人の魂《たましい》の親様のことが気になっていました（日神会では人間に内在する魂のことを「魂の親様」と呼んでいることは先に述べました）。友人は「あん畜生があんなふうに言いやがって」とか「あいつは会社を辞めやがったが、あの野郎のことを俺は一生許さない」とか、「体を壊しやがってせいせいする。病気がひどくなってあんなやつ死んでしまえばいいんだ。きっと俺たちを苦しめたから神様の罰が当たったんだ」とか、それこそ憎悪の限りを尽くした言葉を吐き続けたのです。

友人の言い分もわからないではないのですが、そこまでの憎悪の想念を心に抱いた友人の魂の親様は、ことのほかお苦しみだろうと私は心配になりました。憎悪というのは決して美しい清らかな想念ではありません。そうした汚《けが》れた想念を日神会では「悪想念」といいますが、この悪想念を持ってしまうのは誰のせいでもありません。この場合は友人自身の心の問題なのです。

人間には肉体と頭の頭脳と心があり、その心のなかでその人の魂が育まれているということは先に何度も述べました。そして魂は心のあり方によって良くも悪くも影響されていきます。悪想念に包まれた魂は、哀しみながらも自分の魂の資質を落としていってしまうのです。魂の資質、すなわち霊格が落ちていってしまうのです。

人に人格があるように、魂には霊格というものがあります。自分の魂の霊格を上げるも下げるも、その人間の心のあり方、想念のあり方にかかっているのです。

さらに忘れてならないのは、人間がこの世での生命活動を終え、魂が肉体から離れ霊界に旅立ったとき、魂が霊界の上界へと上がっていくか、それとも下方へと落ちて低級霊となるか、それが現世にあるうちに培《つちか》った魂の霊格によって決まるということなのです。人間には神の心、動物の心、悪魔の心があるということは先に述べましたが、悪魔のような想念にばかりにとらわれていた人の魂は、霊界に入った瞬間に悪魔の世界、すなわち地獄界へと堕ちてしまい、地獄霊、悪霊《あくりょう》となってしまいます。

私はその友人の魂の行方に一抹の不安を覚えながら、その日はそれで別れたのでした。その後、忙しさに紛れてめったに会うことはなくなったのですが、その友人のことを思い出すたびに、私は想念の管理ということが人間にとってどんなに大切かということを改めて認識するのです。

霊界で低級霊や地獄霊、あるいは悪霊となってしまった魂は、あまりの苦しみのために現世を生きる人間に救いを求めて憑依《ひょうい》してきます。痛みや苦しみを自分の子孫や関係のない人に与えてしまう霊に、あなたは将来なりたいと思いますか。そして憑依した人間を苦しめ続けたいと思いますか。

さ迷える低級霊、地獄霊、悪霊が増え続けたら、この世はどういうことになってしまうのでしょう。霊障《れいしょう》(霊の憑依によって心身に痛み苦しみの症状が出ること)で苦しむ人たちがどんどん増え続けることでしょう。悪霊に取り憑《つ》かれた人間が、悪魔のような犯罪に走る。極悪非道《ごくあくひどう》な犯罪がまかり通る世の中になってしまったら、人間社会はどうなってしまうのでしょう。

私は、皆さんには決してそんな魂を育《はぐく》んでいただきたくないと心から願っております。悪想念は憎悪ばかりではありません。羨望《せんぼう》や嫉妬《しっと》、疑心《ぎしん》などいろいろですが、傲慢《ごうまん》、高姿勢、ゆきすぎたプライド、こうしたものが最大の悪想念といえるでしょう。プライドすなわち自尊心というのは誰にでもあるもので、「私はだめな人間だ」とか「私には価値がない」などと落ち込んでいるのではなく、「私は私できちんと生きていくんだ」という矜持《きょうじ》を持つことは悪いことではないでしょう。しかし、その矜持（プライド）も行き過ぎると思い上がりとなり、傲慢となり、高姿勢となってしまいます。そのことを私は危惧《きぐ》しているのです。

また、極端に落ち込んだ暗い心や、哀しみに打ちひしがれた弱い心、これも神霊の世界では悪想念の部類に入ります。暗い心、哀しみの心も決して健全な魂の育成にはつながらないからです。自分の魂の親様に、将来霊界の上界へ、ひいては天界へ昇っていただくために、私たちは日ごろから心の管理に気を配らなくてはならないということですね。心の管理は自分にしかできません。すべて自己責任なのです。

人間にはいつもいろいろな想念が湧いてきます。悪想念といわれる想いも湧いてきます。神の子ではあっても神ではない私たちは、つねに神の心で生きることは不可能なのです。だからこそ、少しでも悪想念が湧いてきたことに気がついたら、すぐに反省をして心の持ち方を改善していく努力が必要となります。これはじつはとても難しいことですが、神様の御許《みもと》（天界）へ帰りたいと願う魂の親様のためにも、私たちは想念の管理をないがしろにしてはならないのです。素直で清らかな美しい想念をなんとか持ち続けたいものですね。

自らの傲慢さに気づいたおばあちゃん

今度は、日神会の会員である一人のおばあちゃんから伺ったお話を述べてみましょう。このおばあちゃんはたった一人の息子さんを無事育て上げ、息子さんは結婚してお孫さんも何人か生まれ、幸せな人生を送っていました。

ところが、離れたところに住む息子さん夫婦がお孫さんたちを連れて遊びにくるたび、おばあちゃんには気になることが増えてきました。お孫さんたちがどうも落ち着きがなく、躾《しつけ》がなっていないように思えてきたのです。息子さんたちはきちんとお孫さんたちを躾けているのだろうかと心配になって、夜も眠れなくなったおばあちゃんは、真夜中にずっと『聖の親様』にお祈りしていたそうです。

そんなある夜、おばあちゃんは「それほどまでに思うのなら……」という声を聞いたそうです。その瞬間、全身がふわっと軽くなって「あ、いま何かを頂いた」と感じたそうです。その夜は心も軽くなってぐっすりと眠ることができたとのこと。翌朝、目が覚めておばあちゃんは考えました。

「私は孫たちのこれからの人生をちゃんと見守ってやらなくてはいけないのに、私が勝手な思い込みで息子たちの家庭をかき回すようなことをしていいのだろうか。私はいったいなんのために日神会の信仰をしているのだろう」

おばあちゃんは反省しました。息子さんたちやお孫さんたちが良い人生を送れるように、心穏やかに過ごせるようにと、それが日神会の信仰をしている一番の目的ではなかったかと。自分が間違っていた、どこか傲慢になっていた、自分が正しいのだと思い込み過ぎていた……。それからおばあちゃんのお祈りがさらに深いものになりました。それまで以上に愛の心を込めて、熱心に家族のみんなを胸に描いて家族浄霊を行うようになったのです。

そのうちに息子さんたちの態度も変わってきました。それまではおばあちゃんがお孫さんの躾のことでちょっと注意しても、「余計なことを言うな」というような感じだったのが、来るたびに穏やかな対応に変わってきたのです。

「孫たちには母親のおなかにいるときからずっとエネルギーを流しておりましたせいか、私が教祖のお写真を飾らせていただいていると、『おばあちゃん、神様はここにいるの？』などと聞くのです。『そうだよ。みんなを守ってくださるんだよ。ちゃんとお礼を言いなさいね』と話しますと『はい』といって手を合わせますし、孫たちのほうが信じてくれるのです。

そうして孫たちが穏やかになってまいりますと同時に、息子もますます変わってきまして、最近では『聖の親様』のお札《ふだ》を身に付けてくれるようになったのです。本当にみんなの態度が穏やかで優しくなりました。ああ、やっぱり私が傲慢だったのだ。そのことに気づかせていただいたのだと、本当に嬉しく思いました。

たくさんのご加護を頂いてまいりましたが、このことが一番の喜びだと思っております。ますます自分の心を穏やかにして、日神会の教えを守って生きていきたいと思っております。ありがとうございました」

おばあちゃんはそう言って、とても嬉しそうに報告してくれました。

自分の悪想念に気づいて反省し改善する……。これは言葉で言うほど簡単なものではありません。人間はなかなかその時々の自分の心の状態に気づけないものです。例えば、何かとても嬉しいことがあって有頂天になっているとき、自分が有頂天になっているということを簡単に自覚できるでしょうか。また、仕事上なんらかの成果を上げて上司に褒《ほ》められたとき、「やったぞ。俺はできる人間なんだ」とふと傲慢な気持ちになったとき、その心の状態をすぐに自覚できるでしょうか。同僚が自分を出し抜いて昇進した。「良かったな」と口では言いながら、心のなかで「なんだ、おれのほうが仕事はできるのに、いい気なもんだ」などとふと嫉妬と憎悪の想いにかられてしまったとして、その悪想念にすぐに気づけるものでしょうか。このように「自らを知る」というのはとても難しいことなのです。

先ほどのおばあちゃんは、ある夜「それほどまでに思うのなら……」という声を聞いて、自分の間違いに気づかせてもらったと感謝しておられましたが、さて、その声はいったいどこから聞こえてきたのでしょう。誰の声だったのでしょう。一生懸命にお祈りしていた『聖の神』のお声だったのでしょうか。それとも、おばあちゃんは単に夢を見たのでしょうか。それとも……。ひょっとしておばあちゃんの魂の親様の声だったのでしょうか。神や霊の言葉はふつう人間が話す声とは違って、心に想念としてパッと入ってくるものです。おばあちゃんが聞いた「それほどまでに思うのなら……」という声も、たぶん一瞬のあいだに心に響いたものだと思われます。

日神会会員の方は、よく「物事の決断に迷って行き詰ったとき『聖の親様』に『神の英知をください。お願いします』とお祈りして休むと、翌朝「そうか、わかった！」と結論を出すことができて、それが良い結果を生むのです」とおっしゃいます。「ひらめき」という感じで心に答えがふっと湧いてくるのですね。

『聖の神』のエネルギーを頂くとき、私たちは心で一生懸命に祈り、胸の心の世界にエネルギーを頂きます。その胸には魂が宿っていますね。神のエネルギーは心というよりも、むしろ魂に頂くのです。

さて、「ひらめき」というのはどこから来るのでしょう。神に導かれた「魂の声」「魂の導き」「魂の想い」。そうしたものが私たちに「ひらめき」を与えてくれるのではないでしょうか。「ひらめき」は理屈を並べたものではなく、パッと一瞬にすべての謎《なぞ》が解けるといった性質のものです。これはやはり人間の頭の知恵を超えた何かだと思うしかないでしょう。

いずれにしても、このおばあちゃんは心の底から一心に息子さんやお孫さんを想って祈っていたからこそ、神の声あるいは魂の声を聞くことができたのです。私は前章で「自分信仰もほどほどに――」という内容のことを記しましたが、それは人間の世界でのことであって、神に祈るときは当然ながら一生懸命でなければなりません。

日神会では「命がけの祈り」ということを会員の方々にお話しししています。例えば、息子さん、あるいは娘さんが難病に苦しんでいるとき、ご両親は「わが身に代えても、この子をお救いください」とそれこそ命がけで祈ることでしょう。できることなら自分が代わってやりたいと願う。それが親というものの強い想いであるはずです。その必死の想いから出る祈りこそが神に通じ、神のエネルギーを頂く力となるのです。

神が喜ばれる三つの善の心、誰もが嫌う三つの悪の心

先の項であげた三つの大きな悪想念、傲慢、高姿勢、プライド、これを日神会では「三悪の心」と呼んでいます。

傲　慢……おごり高ぶって人をあなどること。見下して礼を欠くこと。
高姿勢……相手に対して高く構えた姿勢。威圧的な態度。
プライド……誇《ほこ》り。自尊心。自負心。矜持《きょうじ》。

（辞書・広辞苑による）

「俺は社長だ。おまえたちは俺がいるからこの会社で働いて生きていられるんだ」

「私は有名人よ。みんなに注目されるのは当たり前。どう？　私にはかなわないでしょ」

「私はあなたたち平社員の妻と違って部長夫人なんだから、私を立てるのは当たり前よ」

「俺が金を融通してやったから、いまのおまえがあるんだ。もっと俺を大事にして俺に尽くしたらどうだ」

「私は誰もが認める美人なんだから、やきもちなんか焼かないでね。どう？　このドレス、私だから似合うのよ。素敵《すてき》でしょう」

「俺は自分の力でここまでのし上がったんだ。もっと威張ったっていいくらいだ」

等々。

例をあげればきりがありませんが、こうした傲慢、高姿勢、自負心の塊《かたまり》のような人……。表面ではどうであれ、こういう態度の人を本心から好きになる人はいないでしょう。人に嫌われていることも知らないで威張っている人たちの心は、いったいどうなっているのでしょう。こういう人たちの魂はどうなっているのでしょう。空恐ろしい気がしませんか。

この三悪の心は、当然ながら神との波長も合いません。「なにが神だ！」などという傲慢な想いなどはもっての外ですね。神をないがしろにする人間を、神が愛し慈《いつく》しんでくださるでしょうか。神は人間を差別しません。ただ愛と慈しみのエネルギーを大霊界に放射されているだけです。そのエネルギーを頂くも頂かないも、それこそ私たち人間の心のあり方次第なのです。「神がいるなら、私にエネルギーをちょうだいよ」などという怠惰《たいだ》で傲慢な態度は神と波長が合いませんから、仮に形だけ祈ってもエネルギーは頂けないでしょう。神の道はそれほど甘いものではありません。

逆に神が喜ばれる善の心とはどんなものでしょうか。謙虚、礼節、敬いの心です。これを日神会では「三善の心」と呼びます。

謙　虚……ひかえめですなおなこと。謙遜。

礼　節……貴人に対して礼を行う作法。礼儀のきまり。

敬　い……相手を尊んで礼をつくすこと。尊敬すること。

（辞書・広辞苑による）

説明するまでもないことですが、念のために辞書を調べてみました。謙虚な人、礼儀正しい人、敬いをもって人と接する人、こうした人を嫌う人はいませんね。

前章で「私が……」「俺が……」という「自分信仰」について述べましたが、これなどはとても謙虚とは言えません。自惚《うぬぼ》れは傲慢そのものですね。神を畏《おそ》れぬ態度といっても過言ではないでしょう。脅《おど》かすわけではありませんが、「自分信仰」の傲慢な想念は最悪の心のあり方ですから、そうした心で生涯を送った人の魂は、霊界へ入った瞬間に地獄に堕ちること間違いなしでしょう。

皆さんもよくよく自分の態度を振り返って、反省してみてください。「ひょっとして……」と思ったらすぐに心を入れ替えて、神に好かれる心の生活を送るように心がけてください。そして、できれば日神会に参拝されて神の愛の御心、最高の神のお力、エネルギーを頂く祈りを行ってみてはいかがでしょう。まだ間に合いますよ。

また、傲慢、高姿勢を正そうとして、さらに間違った方向へ進むことにも注意しなければなりません。例えば、高姿勢の反対は低姿勢ですが、低姿勢というのはペコペコと相手にへつらうことではありません。これでは卑屈《ひくつ》であり、嫌味であり、決して清らかな美しい心とは言えません。

神は汚《けが》れのない清らかな心（精神）を持つ人間を愛されます。そしてご自身（神）を愛する人間を愛されます。神というのは崇《あが》め奉《たてまつ》って高いところに祀《まつ》り上げる存在ではありません。あなたにとってもっと身近に感じなければいけない偉大なる存在、一番大切な存在、一番愛する存在でなくてはなりません。神を愛するなんて畏《おそ》れ多いと思う必要はないのです。神の御心は「愛」そのものなのですから。「神様、大好き！」だってよいのです。

日神会では守護神である『聖の神』に祈りを捧げるとき、「『聖の親様』、神のお命、エネルギー、英知、御心を私にください。お願いします」と心に深く想います。神の限りなく強大なお命、神の限りなく偉大なるエネルギー、人知をはるかに超えた神の英知、慈愛に満ちた広大無辺の神の愛の御心、それらをすべて自分の体に心に、そして自分の魂に頂く祈りを捧げるのです。

神は身近に感じるものだと述べましたが、神から偉大なエネルギーを頂くのですから、謙虚、礼節、敬いの心をもってお祈りすることを忘れてはいけません。傲慢な態度や高姿勢の態度、「私が……」「俺が……」という自己中心の想念では神の偉大なエネルギーを頂くことはできません。神の愛の御心も頂けません。お命も英知も頂けるはずがありませんね。

「神なんていないんだから、愛されるもなにもあったものではないさ」

「神がいったい私に何をしてくれるというんだ。お金でも恵んでくれるのかね」

「いくら神に祈ったって、自分のいまの境遇から抜け出すことなんてできないさ。いくら祈ったって無駄ってもんだ」

こうした頑固、偏屈の想いも神が好まれない想念です。神を信じるも信じないも、それは皆さんの自由かもしれません。しかし、神が好まれない想念は他の人にも好まれません。家族やまわりの人たち、会社の上司や同僚あるいは部下、地域社会の人たちに愛されない状態が果たして幸せでしょうか。

人は他の人と共に生きているのです。他の人すべてに愛の心をもって接してみたらいかがでしょう。そうすれば相手さまもあなたを愛してくれます。そして、神もあなたの祈りに応えて愛のエネルギーをふんだんに与えてくださるはずです。

神を愛し、人を愛する。神に愛され、人からも愛される人生……。その心のなかで、神に愛される魂が育っていくのです。神に愛され、人からも愛される生活を送り、生を全うした魂が霊界に入ったとき、即座に神の御許《みもと》である天界に昇って行けること間違いなしと言ってよいでしょう。

謙虚であればこそ反省もできる

日常生活のなか、ちょっとしたことで揺れ動く私たち人間の心。自分自身の心の動きを自覚するのはとても難しいことです。それでも自分を省《かえり》みることは大切なことです。瞬間、瞬間に右往左往する心を見極めるのは困難でも、例えば、夜べッドに入ったとき一日を振り返ることはできるはずです。そして自分のその日の行動言動が謙虚な心であったかどうかを反省してみましょう。

「しまったな。今日どうして課長にあんな口答えをしてしまったんだろう」

「今朝、どうして夫が出かけるとき明るい声で『行ってらっしゃい』と言ってあげられなかったのだろう」

「毎日、家事や育児で忙しい家内に、どうして『ありがとう』と素直に言ってやれないんだろう。俺は優しくないのだろうか」

「学校から帰ってまたすぐに塾へ通っている息子。土曜も日曜もない息子。夜も遅くまで勉強している息子。いくら受験生だからって疲れているだろうに、私はどうして息子の背中を押すばかりで、温かい言葉の一つもかけてやれないのだろう」

「夕方、おばあちゃんが肩に手を当てて辛そうにしていたのに、どうして私は肩をもんであげようとしなかったんだろう。これでは決して良い嫁とは言えないわね」

「今日、お買い物の帰りにお隣の奥さんに会ったとき、向こうがいろいろと話しかけてきたのに、どうして私はにこにこと相手になってあげなかったのだろう。

いくらおしゃべり好きな奥さんでも、決して悪気のある人ではないのに。私のほうが悪かったな」

いろいろと反省することは日々出てくるはずです。ところが「私は絶対に間違っていない」「私は正しい」と思い込んでいる自分本位の傲慢な心では、とても自らを振り返って反省することなどできないでしょう。

「ひょっとして私がいけなかったのかもしれない」「私も生意気なところがあって、偉そうに構えているところが無きにしも非《あら》ずだな」などと反省することができれば、それをもとに自分を変えていくことは可能です。自己変革は自分にしかできません。あなた自身がまず気づくことです。そのためには謙虚であることが大事になってきます。謙虚であればこそ反省もできるのです。

難しいな、とても自分には自己変革などできないなとお思いの方。そんなことはありません！　強い意志と決意さえあれば誰にでもできることです。そして、本当になんとしても自分を変えたいと願うのであれば、神様に「自分自身を変えるお力をください。お願いします」と一心に祈ってみてはいかがでしょう。

それが謙虚な心から出た命がけの祈りであれば、神様はきっとあなたに神の御心を与えてくださるはずです。

祈りとはそうしたものだと私は思います。「お金を儲《もう》けさせてください」「なんとか健康にしてください」「志望校に合格させてください」……。このような祈りは正しい祈りとは言えません。正しい祈りとは「事業を成功させるための神のお力を私にください」「健康管理に努力していくための神のお力を私にください」「志望校に合格できるように頑張るための神のお力を私にください」というものでなくてはならなのです。違いがわかりますか?

「ああしてください」「こうしてください」ではなく、「ああする力を私にください」「こうする力を私にください」でなくてはならないということですね。神のお力を頂いて、それを実行するのはあなた自身なのです。

おわかりいただけましたでしょうか。謙虚な心は何にもまして大事な心のあり方です。謙虚に自らを振り返り、謙虚に反省し、そして過《あやま》ちに気づいたら神に対して心からの反省の祈りを捧げましょう。そして、自らの悪想念のために苦しめていた魂の親様にも心からの反省の祈りを捧げてください。

「神様、私は傲慢な心で人様に接してきました。いまから悔《く》い改めます。まことに申し訳ございませんでした」

「私の魂の親様、傲慢な心を気づかずに長いあいだ暮らしてきました。まことに申し訳ございませんでした。今後は謙虚であるよう努めます。どうか見守ってください。お願いします」

こうして神と魂にお詫《わ》びをしたあとは、ひたすら神に愛される心、魂に喜ばれる心を養っていくことです。

「今日も一日謙虚な心で過ごせますように、どうかあなたさまの神の御心を私にください。お願いします」

「傲慢な心が顔を出しませんように、どうか魂の親様、私をお導きください。お願いします」

そうして、機会あるごとに自分の心のあり方を見つめていきましょう。反省は改善のもとになります。ただし、反省の心が度を越してしまい「あ〜自分はもうだめだ……」などという落ち込んだ心になってはいけません。落ち込みや暗い心（想念）も神と波長が合う心（想念）ではないからです。絶対に自分は変わっていけるという信念を持って神のお力を頂き、前向きなお心で生き生きとした生活を送られてください。

懺悔《ざんげ》の心が強いほど祈りの想いも深くなる

浄土真宗の開祖である親鸞《しんらん》の弟子唯円《ゆいえん》が書いたと言われる『歎異抄《たんにしょう》』という書物のなかに、「善人なをもて往生をとぐ、いはんや悪人をや」という言葉があります。親鸞が残した言葉だそうですが、私はこの言葉に接したとき非常に違和感を覚えました。浄土真宗というのは念仏を唱《とな》えることで阿弥陀仏《あみだぶつ》にすがり極楽往生《ごくらくおうじょう》を遂げようという他力本願《たりきほんがん》の信仰のようですが、私が不可解に思ったのは「どうして善人はもちろんのこと、ましてや悪人のほうが往生できるというのだろう」ということです。

善人よりも悪人のほうが救われるというのだろうか？

「自分の力で善行を積むことができる人は、ただただ他力にすがるということがない。私たち人間は煩悩《ぼんのう》を捨てきれず、煩悩に振り回される哀れな存在であるから悪心も起こす。その悪心を起こす私たちを憐《あわ》れんで願《がん》を起こされた本意は、悪人成仏《あくにんじょうぶつ》のためであるから、他力を頼みにする悪人こそが往生のもとを持っているのだ」というようなことらしいのですが、なかなか難しくて理解しにくいものです。

親鸞や唯円の言うとおり、たしかに私たち人間は煩悩を捨てきることができません。「煩悩」は仏教用語ですから、日神会の言い方に変えてみれば「悪想念」ということになるでしょう。傲慢、高姿勢、ゆきすぎたプライド、そして羨望、嫉妬、憎悪、思い上がり、自己中心、落ち込み、自暴自棄《じぼうじき》、挙句の果てには殺意……。

このような悪想念はどのように自己管理を徹底しようとしても、なかなか管理しきれるものではありません。だからこそ、神に祈るのです。「どうか神様、私に神の愛の御心をください。お願いします」と。「どうか悪想念を克服するお力を私にください。お願いします」と。

「私は大丈夫だ」とたいていの人は思っていることでしょう。そうでしょうか。悪想念はまったく持っていませんか。悪想念に後押しされた言動は絶対にしていないと言いきれますか。

かくいう私にも悪想念が湧いてくるときはあります。「困ったやつだな。何度言ったらわかるんだろう」とか「このあいだ注意しておいたのに、またあいつは間違いを繰り返している。いったいどうしたものだろう」などと思うことだってあるのです。そんなとき、私はすぐに『聖の神』と自分の魂の親様にお詫びします。「私はいま間違った想念を抱きました。まことに申し訳ございません。今後注意してまいります」

口先だけのお詫びではいけません。心の底からの反省を行わなければ、神や魂には届きません。自分の言動で傷つけた相手さまに対する謝罪でもそうですね。「いやあ、悪かったね」というような軽い気持ちでは、どんなに言葉をつくしても相手の心には響いていきません。相手にも心があり、魂の親様がおられるのです。甘く考えてはなりません。

罪深いことをしでかした人、業火《ごうか》に焼かれるほどの嫉妬心に苦しめられた人、殺したいほど人を憎んだ人、そうした人が自分の誤った想念に気づいたとき、どんなに悩み苦しみ、どんなに神に懺悔《ざんげ》する心が深くなるでしょう。そうして、その懺悔の心が強ければ強いほど、神への祈りも深くなるのではないでしょうか。私たちは気づこうと気づくまいと、悪想念から逃れられない存在です。

だからこそ祈るのではないでしょうか。そして心を清浄に保つ努力をするのです。さもないと心のなかで育まれている魂もどんどん汚れてしまうからです。魂の親様を悲しませることだけは、なんとしても避けなければなりません。肉体が死を迎えたのち、魂の親様は神に愛される存在となり、霊界で神の御許へ必ずや帰りたいと願っているのですから。

魂とはいったいどういう存在なのでしょう

魂（魂の親様）については、これまでに何度も述べてきましたが、ここであらためて魂の存在とはなんなのかを考えてみましょう。

私たち人間がなぜ万物の霊長かといえば、霊つまり魂を持っているからだということは先に記しました。また、人間には肉体と頭の知恵と心があり、その心のなかで魂が育まれているということも幾度か記しました。しかし、私たちが自分の魂の存在を意識することはほとんどありません。魂が心と頭脳、肉体を統括してくれていることも自覚できません。

ところが、私たちがとんでもない悪想念を抱いたとき、あるいは間違った言動をしてしまったときなど、魂が肉体に戒《いまし》めを下《くだ》すことがあるのです。例えば、突然ひどい頭痛や肩こりが始まって、日神会で指導している自己浄霊を行ってもいっこうに症状は治らない。霊障《れいしょう》によるものではないのではないだろうか？　そんなときは、魂が自分の肉体に戒めを与えていると考えてよいでしょう。

そのことに気づいたとき、心から『聖の親様』と魂の親様にお詫びしたら頭痛や肩こりがすっと消えたというような体験をした人も、日神会会員のなかにはたくさんおられます。魂とは考えようによっては恐ろしい存在なのです。というよりも、魂の親様は私たちがより良く生きるようにと指導してくれているのです。

魂は私たちのなかにあって、独立した存在です。私たちは現世でいろいろな想念に振り回されながら右往左往していますが、魂はそんな私たちを冷静に見つめています。私たちの肉体はせいぜい百年ほどしか生きられませんが、魂は肉体が消滅しても生命を維持し、肉体から離れて霊界入りしたのちは、霊界で永遠の生活を送るのです。

私たちは自分が生きていると思っていますが、じつは私たちの肉体は魂が修行のためにまとっている衣のようなものかもしれません。現世を生きるには肉体がなくては不可能です。神様がなぜ私たちに悪魔の心まで与えられたかについては先に述べましたが、肉体という衣をまとった魂が、さまざまな想念に揺れ動く心のなかで何が善であるか、どうしたら善の資質を持った魂として向上していけるのか、どうしたら自分の霊格を上げていけるのか、その修行を魂は日々続けているのです。いつか霊界に入ったとき、速やかに神の御許である天界に帰れるようにと……。

そうしてみると、永遠に生きる魂のほうが主役であって、私たちはその成長を助ける脇役のようなものとも言えます。そうです。私たちは「私は私」と思っていますが、本当の「私」は魂の親様なのです。日神会では「霊主体従《れいしゅたいじゅう》」という言葉を使います。霊すなわち魂こそが主であり、肉体は従者であるということですね。

私たちはもっともっと自分自身の魂の親様のことを、そして魂の親様の存在意義を考えなくてはなりません。魂の親様は、私たちが悪想念を持つたびに自らが汚れていくのを、非常に哀しんでいるのだということを決して忘れてはなりません。

ちょっとでも悪想念に気づいたら、すぐに魂の親様にお詫びする。そのことに怠慢《たいまん》であってはならないのです。いくら戒めても導いても言動を改めてくれない人間に愛想を尽かし、最悪の場合、魂が生きている肉体を捨てて離れていくことがないとは言えないのです。

よく「魂が腐《くさ》ったようなやつ」とか「魂が抜けたような状態」とか言いますが、それは譬《たと》えではなく真実なのです。汚れた心に宿り続けた魂はヘドロにまみれたような悲しい魂になってしまうでしょう。そして、そんな状態で霊界に入ったら、天界に昇るどころか下方の霊界へ落ちていってしまうでしょう。地獄に堕ちるかもしれません。本当の自分である魂の親様の将来を思ったら、とても悪想念の垂れ流しはできないはずです。

魂が抜けてしまった状態はいったいどんなものでしょう。自らを導き、自らの肉体と頭脳、心を統括してくれる存在が消えてしまったわけですから、およそ想像はつくと思います。「魂が抜けたような状態」にならないよう、もっともっと魂の親様を大切に想わなくてはなりません。そして悪想念の克服に努力すべきでしょう。神に祈ることも忘れてはならないでしょう。

本当の自分である魂の親様の霊界での永遠の住処《すみか》を思ったら、決してないがしろにはできないはずです。皆さんは肉体の死後、天界へ昇りたいと願いますか。それとも地獄に堕ちて苦しみたいと思いますか。それとも荒涼とした霊界をさ迷う霊になりたいと思いますか。答えは一つだと思いますが、いかがでしょう。

そこで私たちは何をすべきでしょうか。魂を美しく育むよう、心の管理に気を配ることですね。神が喜ばれる三つの心、すなわち謙虚、礼節、敬いの「三善の心」と愛し慈しみ尊ぶ「三愛の心」。この「三善三愛の心」をつねに持ち続けられるよう、少なくとも一日に一度や二度は自らの心のなかを見つめる習慣をつけてはどうでしょうか。先に述べたように、夜ベッドのなかででもよいですから一日の言動を振り返ってみてください。朝、目覚めたとき「よし、今日も三善三愛の心で行くぞ！」と自らに言い聞かせてもよいでしょう。

また、明るく、朗らか、生き生きを心がけるのもよいでしょうし、食べる、動く、寝るという健康管理の基本を実行するのもよいでしょう。健全な魂は健全な肉体に宿るのですから。そしてまた、ちょっとでも悪想念にとらわれてしまったことに気づいたら、繰り返しになりますが、魂の親様にお詫びすることです。そして心を清浄に保つ努力をすることです。魂の親様はどんなにお喜びになることでしょう。そして、ますます私たちに素晴らしいお導きをしてくださるはずです。

謙虚、礼節、敬い、愛し、慈しみ、尊ぶ心は、神がもっとも愛される心のあり方です。神に愛されて平穏で豊かな毎日を送ることは、私たち迷い多き人間にとってどのように幸せなことでしょう。また、豊かな心のなかで自らを向上させようとしている魂の親様にとって、どのように喜ばしいことでしょう。人格を高め、同時に魂の霊格を高め、そして神の愛の御心を頂いて生きること。そういう生き方をしていれば、当然ながら人にも好かれ、愛されることになります。

あなたのまわりの人たちも幸せになり、あなた自身も幸せになり、家庭も職場も地域社会も平和で穏やかになることでしょう。素晴らしい人生をお送りになるということは、素晴らしい魂を育むことにつながるのです。そして素晴らしい光輝く永遠の霊界生活を送ることにもつながるのです。

いかがでしょうか。「霊主体従」。このことを心に刻んでいれば、魂の親様をつねに想う生活を送ることができるはずです。魂の親様を想い、神を想い、神に祈りを捧げる。この心の生活の毎日がどんなにあなたに平和な心を与えるか、想像してみてください。諍《いさか》いのない、穏やかな生活。そして犯罪のない社会。それが実現したらどんなに世界は平和になるでしょう。夢物語に終わらせたくない望みであり、願いですね。

「私のなかの神様が」

二〇一六年（平成二十八年）八月二十一日の朝日新聞に次のような記事が載っていました。ちょうどリオデジャネイロ・オリンピックが開催されており、その陸上女子五〇〇〇メートルの競技中に起こったことです。

アメリカのT選手は交錯して一緒に転んだ他国の選手を置き去りにしなかったとのこと。「立って立って、完走しなきゃ」と励ましたのでしょう。そして連れ立って走り出したのですが、今度は自分が足の激痛で倒れ込んでしまいます。そのとき先に助けた選手が助け起こしてくれて最下位でゴールしました。その直後、二人の選手はしっかりと抱き合ったそうです。T選手がのちに語った言葉。

「助けたのは本能。私が助けたというより私のなかの神様が助けた感じ。一瞬のことだったけど、世界中で共感を呼ぶなんて」

私はその場面を見たわけではありませんが、「私のなかの神様が――」という言葉にとても感動しました。たしかに一瞬のことだったわけで、頭で考えるとか、心であれこれ思うとか、そんな時間はなかったはずです。それでもT選手は競争相手である他国選手を助けました。そして相手の選手もT選手を助けました。素晴らしいシーンだったと思います。T選手がどういう宗教を信じているのかはわかりませんが、いつも心に神を抱いている人であることは間違いないように思います。とっさのときに、T選手の魂が神の心を発動させたのかもしれません。

この出来事は国際的な舞台で起こったことですので、報道を通じて世界中の人々を感動させました。考える間もなく行動を起こしていたということは皆さんにもよくあることだと思います。電車のドア近くに座っていたら、杖をついたおばあさんがよろよろと乗ってきた。思わず立ち上がっていた。出産間近のような大きなお腹を抱えた妊婦さんが乗ってきた。思わず席を譲った。道路を歩いていたら、前を走っていた小さな子供が転んだ。思わず駆け寄って「大丈夫？」と声をかけた。バスに乗ろうとしたとき、前に並んでいたお年寄りが大きな荷物をどっこいしょと持ち上げていた。思わず手を貸していた。等々。こんなことはよくあることではないでしょうか。

T選手の言ったようにそれが「本能」であるとしたら、人間は生まれながらに神の心を持っていることの証拠ではないでしょうか。そして、その人の魂がその神の心に従って、私たちの背中を押してくれているのではないでしょうか。

しかし哀しいかな私たち人間には、神の心ばかりでなく動物の心も悪魔の心も与えられています。ですから神の心に反して、逆に悪魔の心がふと出てしまうこともあるでしょう。なにかしらイライラしながらコンビニで買い物をしていたら、思わず手が出て、気がついたら万引きをしてしまっていた。自分はいったいどうしてしまったのだろう。「魔《ま》がさす」という言葉がありますが、じつにその瞬間「魔がさした」のです。

あまりにも言うことを聞かない子供を叱っていたら、思わず手が出て子供の頬を叩いてしまっていた。「魔がさした」のでしょう。叩いてしまった手は元に戻せません。

最初は些細《ささい》なことから始まった夫婦喧嘩がどんどんエスカレートして、お互いに引っ込みがつかなくなり「もう離婚だ！」「いいじゃない、別れましょう」と言ってしまった。「魔がさした」のでしょう。口から出た言葉は取り返しがつきません。

急ぎの用があって走っていたら、目の前をのろのろと歩いているお年寄りがいた。つい「邪魔《じゃま》だよ！」と怒鳴って突き飛ばしそうになってしまった。どうして自分はあんなことをしてしまったのだろう？「魔がさした」のでしょう。怒鳴られたお年寄りはどんなに驚き、悲しんだことでしょう。なかったことにはできません。

このようなことは時に起こり得ることではないでしょうか。悪魔の心が先走ってしまったのです。そんなときは、どうしたらよいのでしょう。心から反省し、神様と魂の親様にお詫びするしかないでしょう。そして、二度と悪魔の心は出さないぞ！と心に誓うことです。すぐに気がついたときは、もちろん相手さまに謝るのは当たり前のことです。

また、「あいつなんかに負けるもんか」とか「人のことなんてかまっていられないよ」などという動物の心が顔を出すこともあるでしょう。一瞬一瞬に変わっていく心を管理することは本当に難しいことです。しかし、私たちは神の子ですから、神に愛される心を必死に養い、魂を美しく育むことを最上の喜びとして精進しなければなりません。現世を幸せに過ごし、来世でも素晴らしい霊界生活を送るためにも、神に祈りつつ日々心のあり方に気を配っていくことです。それこそ悪魔や動物の心に「負けるものか」です。

神様と魂の親様に深くお詫びする心

繰り返し述べますが、私たちの心はその時々、刻々と変化し揺れ動いています。その心をしっかりと管理するのはとても難しいことです。どのように注意をしていてもついつい出てきてしまう動物の心、悪魔の心、そして傲慢、高姿勢、プライドの心……。想念の管理に当たっては、まず自分自身を見つめ直して自ら間違いに気づくことが第一です。自分の悪想念に気づくことができたら、心の底から反省して、神様と魂の親様にお詫びすることですが、これも心からの謝罪でなくては意味がありません。

ここで、実際に自分の心の過ちを反省し、お詫びすることで救われた方のお話を少し紹介してみましょう。

【『大霊界』シリーズを読み返すことで救われたＩさん】

Ｉさんは五十代のサラリーマンですが、五十歳を過ぎたあたりから、若い人に比べると仕事も迅速《じんそく》にできなくなり、若い子を見ると羨《うらや》ましくなるような、そんな不安な気持ちにとらわれるようになりました。

そこでいろいろと運動をしたりウェイト・トレーニングをしたりしていたそうですが、ある頃から手足の関節に痛みが出るようになりました。しばらくは年齢のせいかと思って我慢《がまん》していましたが、そのうちに喉《のど》が焼けるように痛んだり、咳《せき》が出て夜も眠れなくなったりということが続くようになりました。

また、急な眩暈《めまい》のために会社の休憩室で休まなくてはならなくなるようなことが頻繁《ひんぱん》に起こるようになったのです。Ｉさんは日神会の会員になって十年あまり、ずっと平穏無事に過ごしてきたのにこれはいったいどういうことだろうと思い、日神会で指導を受けた自己浄霊や強制浄霊を必死の想いで何度も行ってみましたが、症状は少しも良くなりませんでした。

これは何かのお導きだろうか、戒めだろうかと考えながら、ある日、久し振りに書棚の整理をしていたIさんは『大霊界』の第一巻に目が留まったといいます。とたんに心のなかで「読まなくてはいけない」という声がして、それからというもの二カ月ほどかけて全巻を一気に読み返したIさん。そして気がついたのは、それまでは本の内容を頭の知識としてしか理解していなかったのではないかということでした。

「五十歳を過ぎた年齢になって体力ばかりか知力も衰《おとろ》えてまいりまして、やっと心で読ませていただけるようになったのでしょうか、自分を静かに見つめ直す時間が持てるようになりました。そして、自分の年齢に不安を感じたり、若い人を羨んだり、いろいろと悪想念を積み重ねて魂の親様を苦しめる、なんという情けない自分だったのだろうとしみじみ反省させていただきました」

どうやら自分自身の心の状態に気づくことができたIさんは、「『聖の親様』、申し訳ございません。魂の親様、申し訳ございません。これからは神様のことを一番に考え、いやな想念は決して出さないように努めてまいります」と深くお詫びしました。そうしたら、それまで苦しんできた症状がピタリと止まっていたということでした。

「これからの人生、頭の知恵ではなく心の想いで生きていこうと、あらためて決心させていただきました。こうした大切なことを学ばせていただける『大霊界』のご本と日神会にご縁が頂けたことを本当に幸せに思い、心から感謝しております。本当にありがとうございました」

Iさんはそう言って深く頭を下げられました。日神会にとってもうれしいご報告でした。

【首の骨がずれるという奇病が治ったMさん】

「長いあいだお世話になり、お力を頂いていることが当たり前のようになってしまっていた自分を反省する出来事がございました」

Mさんはそういう言葉でお話を始められました。Mさんはよく胸に槍《やり》を突き刺されるような痛みを感じていましたが、日神会で指導している強制浄霊でいつも解消しておられたそうです。ところがある頃から首に痛みが出て、病院で診察を受けたところ、首の骨がずれるという奇病だと言われてしまいました。骨がずれると神経に触るせいで、背中から手にかけて激痛が走り、のたうちまわるような苦しみに襲われるようになったのです。いくら強制浄霊や自己浄霊を行ってもその症状は解消されません。

「どうしてだろう、なぜお力が頂けないのだろう」とMさんはずっと自分のなかで模索を続けました。そして三カ月ほど経ったとき、「そうか！　『聖の親様』に対する感謝の気持ちをなくしていたのだ」とやっと気がつきましたと言われました。何があってもすぐに『聖の親様』が助けてくださるという甘えの心に傲慢さが加わって、いつの間にか『聖の親様』を道具のように使っていたのではないかと気がついたMさん。そして、「真剣に神を想う心、深い感謝の心、それなくして偉大な神のお力が頂けるはずはない」と反省したMさんは、すぐに『聖の親様』に心からお詫びをし、「ありがとうございます。ありがとうございます」と何度もお祈りをしたそうです。そうして二日後、首の骨がずれることはなくなり、背中から激痛が走る症状もきれいになくなっていたということでした。

「心の間違いに気づかせていただき、まことにありがとうございました。二度と感謝の気持ちを忘れることなく、真剣に真心を持って精進してまいります」

晴々としたMさんのお顔を拝見して、私たち日神会もとても嬉しく思ったことでした。

【自らの慢心に気づき、娘さんとのあいだの溝を克服したTさん】

「長いあいだお世話になり、たくさんのご加護を頂いてまいりました。ありがとうございます。とくに最近はすべてのことが順調に運び、嬉しいことが続いて、これもみな『聖の親様』のおかげだと感謝しております」と言っておられたTさんですが、あるとき、嫁いでいる娘さんが遊びに来ていろいろと話をしているうちに、どうしたわけか些細なことで言い争いになってしまったそうです。娘さんはそうとう頭に来たらしく「お母さんなんて、もう知らない！」と言って帰ってしまいました。

しばらくは自分自身も腹が立ってたまらなかったTさんも、落ち着いて考える余裕が出てくると、これでもう娘さんとのあいだは断絶してしまうのかと、心がどんどん暗く落ち込んできました。

「心のなかに黒い雲が湧き上がってくるようで、なんとか立ち直ろうと自己浄霊を行ってみましたが心の暗雲は消えてくれません。そこで気を取り直して『大霊界』のご本を開いてみました。そこには、表現は違うかもしれませんが、現象界のすべてのことは神のなさる技だということが書かれておりました」

そこでTさんは「これは幸せな毎日のなかで慢心《まんしん》していた私への戒めなのだ」と感じたそうです。そう気づいたTさんは、まず自分の想念のあり方を振り返り、間違った想いを反省して『聖の親様』と魂の親様にお詫びを申し上げ、ひたすらお祈りしてお力を頂きました。娘さんに対しても心のなかで「ごめんね」と詫びながらお祈りしていたそうです。そうしますと、十日ほどたった頃、娘さんが「お母さん！」と笑顔で訪ねて来てくれたとのこと。Tさんは嬉しくて跳び上がるような気持ちになったということです。

「おかげさまで娘とのあいだにできた溝はすっかり元どおりに埋まりました。『聖の親様』のおかげです。本当にありがとうございました」

Tさんはご自身もこぼれるような笑顔でお話ししてくれました。

【魂の親様の意志に背いてはいけないと諭《さと》されたNさん】

このお話をしてくれたふた月ほど前、Nさんは左わき腹に痛みを感じ、幾つかの病院で検査を受けました。そうしたら、ある病院では慢性すい炎だと言われ、また別の病院ではすい臓ガンの疑いがあると言われたそうです。そこでNさんはすぐに日神会の東京聖地に参拝に来られました。毎日お力を頂いているのにどうしてだろう、心がまだまだ足りないのだろうかと反省しながら、礼拝堂で必死にお祈りしていたNさんに、日神会の霊能者が声をかけました。「一緒にお力を頂きましょう」。Nさんは「ありがとうございます」と言いながら、つい弱気になっていたせいか「もう体の具合があちこち悪いものですから、あと何年生きられるのだろうかと思う毎日なのです」と霊能者に話したそうです。それを聞いた霊能者は、このままではいけないと思い、少し厳しい調子で「そんな想いは魂の親様の意志に背《そむ》いていますよ」と助言したようです。

「はっと胸をつかれる想いがいたしました。魂の親様のことなど考えてもいなかった私でした。そうなのだ、こんな弱い心、落ち込んだ心を持っていたのでは、魂の親様にご迷惑をおかけするばかりなのだ。私にはまだ高校生、大学生の子供がいる。一日でも長く生きて、元気に生活していかなくてはいけないのだ」

霊能者の言葉に力づけられ、自分の間違った心に気づいたNさんは、すぐに『聖の親様』と魂の親様にお詫びを申し上げ、それからは「絶対にお力を頂く！」という強い気持ちで自己浄霊を行うようになりました。そうしたら、どんな薬を飲んでも止まらなかった痛みがすーっと消えていったそうです。その後また病院で超音波の検査を受けたところ、Nさんは慢性すい炎でもなく、すい臓ガンでもないという結果が出たとのことでした。

「しみじみ感謝の想いを心に抱きしめました。魂の親様をないがしろにして、自分勝手にどんどん心を落としていくことがどんなに親不孝なことか、身に染みて実感させていただいた体験でした。ありがたいことだったと思います。この反省を心に刻み、また一年、心を明るく持って毎日お力を頂いてまいります」

Nさんは元気溌剌《はつらつ》とした様子で帰って行かれました。

【魂の親様の戒めに気づいたSさん】

「私は日神会にご縁を頂いて十二年ほどになります。最初は膝《ひざ》の曲げ伸ばしもできなくて、正座はもちろん階段の上り下りもできないようなありさまでした。いままよりもずっとやせておりましたのに、体が重くてたまらない状態で毎日を過ごしていたのです。ところが初めて浄霊を受けさせていただいてからすっかり体は軽くなり、いまでは膝の痛みもありませんし、階段もすいすい上れるようになりました。体が激変したという感じでございます。ありがとうございました」

Sさんはまずこうしたお礼を述べられ、続いて「じつは昨年夏にとても不思議な体験をさせていただきましたので、そのお話をさせていただきたいと存じます」とご報告を始められました。

どちらかというと気が短いと自認するSさんですが、いつもは怒りがこみ上げるたびに「あ、いけない」と腹立ちを抑える努力をしていたそうです。ところがあるとき、とてもいやなことがあって、苛立《いらだ》ちがどうしても抑えられなくなってしまったとのこと。人と喧嘩《けんか》をしたわけではありませんが、どうにも腹が立ってしかたがなくなったそうなのです。

それで二時間も三時間も苛立ったままでいたところ、胃に違和感が出てきて、触ってみたらしこりがあることに気づいたそうです。そのうちにその小さな塊《かたまり》は胃のなかでグルグルと暴れ回り、肺に行ったり、腸に行ったり、背中に回り込んだりと体中を駆けめぐり始めたというのです。

なにが起こったのかと、しばらくは不安と戸惑いですっかり動揺してしまっていたSさんですが、一瞬はっと心に感じたそうです。

「魂の親様に違いない！　魂の親様が悲しんでおられる、叱っておられる、戒めておられる」

やっとそのことに気づいたSさんは、すぐに「魂の親様、申し訳ありません。怒りという悪想念をそのままにしておりました。どうかお許しください」と、気持ちをしっかりとしずめて心からのお詫びを申し上げました。そうしたら、すっと体の違和感はなくなり、小さな塊もまるで感じなくなっていたそうです。

「こういう不思議なことを体験させていただき、魂の存在というものを自分の肉体で実感することができました。ありがとうございました」

Sさんの体験はとても貴重なものだったといえるでしょう。


このようなお話は紹介すれば切りがないほどたくさんあります。皆さんもときには心にゆとりを持って、じっくりと自分自身を見つめてみませんか。きっと思い当たることが出てくるはずです。反省、そして改善ということを、人間としての自分のため、そして自分の体や頭脳、心を支配してくださる魂の親様、永遠の命を有する魂の親様のために、習慣づけてはいかがでしょうか。きっと明るく素直に変わっていく自分自身を感じることができると思いますが、いかがでしょうか。

日神会の浄霊を受けて魂を美しく向上させよう

日神会へは毎日たくさんの方々が、浄霊儀式のため、あるいは参拝なさるために訪れられます。霊障によって苦しんでいる方、病気の症状で辛い思いをなされている方はもちろんのこと、心身になんの異状も感じられていない方々も大勢おみえになります。痛みや苦しみがないのにどうして浄霊を受けられるのでしょう。どうして参拝して『聖の神』のエネルギーを頂かれるのでしょう。

そうした方々は「魂の向上のために」とおっしゃいます。

これまで述べてきたように、私たちの心にはちょっと気を許すと動物の心や悪魔の心、あるいは傲慢、高姿勢、プライドの三悪の想念が湧いてきてしまいます。一刻一刻と変化していく心の姿勢をどうやって管理していくか。それはとても困難なことでしょう。

悪想念を放っておけば、それは心のなかに存在する魂を汚し、悪にまみれた霊格の低い魂へと落としてしまいます。自分自身の力ではなかなか制御できない悪の心。それを清らかなものへと変えていただくために、日神会の守護神『聖の神』のエネルギーを頂くのです。

日神会の浄霊儀式は、人間に救いを求めて憑依《ひょうい》している霊を浄化、救済し、同時に取り憑《つ》かれて苦しんでいる人々を救済するものですが、じつはそればかりではありません。私たちの心のなかにある魂（魂の親様）をも救済し、向上させるという働きを持っているのです。せんじ詰めれば、日神会の目的、すなわち『聖の神』の願いは、すべての魂（霊）の救済ということになります。

他の人からも嫌われる傲慢、高姿勢、プライドばかりでなく、暗く落ち込んだ心、哀しみに沈んだ心、投げやりな心なども決して良い想念ではありません。霊の世界ではそれも悪想念になってしまいます。

皆さんは何かで悩んでいませんか。なにかで苦しんでいませんか。とても辛いことがあって暗い心で過ごしていませんか。自分を卑下《ひげ》するあまり、自虐《じぎゃく》的な心に落ち込んでいませんか。肉体の痛みや苦しみはなくても、心に闇《やみ》を抱えた人はけっこうたくさんおられるのではないでしょうか。そうした人々をも救いたい。それが日神会の願いなのです。

いかがでしょう。皆さんもいま一度、新たなお気持ちで日神会の門をたたいてごらんになりませんか。きっと新しい人生が開けてくること間違いなしです。日神会では、長崎聖地、東京聖地に来会されることを、『聖の親様』の許、魂の故郷への帰省という意味で「お里帰り」と呼んでいます。ですから、皆さんが来会されると、霊能者たちは「お帰りなさい」とにこやかにお迎えいたしております。

来会者の方々はどなたも、聖地の建物のなかに一歩足を踏み入れたとたんに、心身がすっと爽《さわ》やかになるとおっしゃいます。聖地には超神霊のエネルギーが充満しているからでしょう。心の悪想念などすっかり払拭《ふっしょく》されて、体も心も魂もすっかり清らかで美しいものへと変わるからでしょう。

皆さんも超神霊のエネルギーが渦巻く聖地にお里帰りをなされて、できれば浄霊の儀式に参加されてみてください。全心身浄霊のあと「どこも悪くなかったのに、なにか体も心もすっきりと軽くなりました」と多くの方がおっしゃいます。そして嬉しさがこみ上げて涙が止まらないとおっしゃいます。先にも述べたようにその涙は、魂の親様の喜びの涙なのです。

神のエネルギーをふんだんに頂いたあなたの魂は、一気に霊格（神格）が高まり、神の御許に近づける魂となるのです。その魂に導かれるあなたの人生も、現在よりも、もっと幸せなものへと変わっていくことでしょう。日神会に来会され、礼拝堂で神のエネルギーを頂かれ、そして浄霊を受けて『聖の神』のエネルギーを全心身に頂かれたら、あなたはきっと生まれ変わったような新鮮な心に満たされることと思います。

皆さんが現世においても、また霊界での永遠の生活においても、限りなく幸せに満たされた人生を送られることを私は心から願っております。

なお、日神会にご連絡の場合は左記宛にお願いいたします。

日本神霊学研究会長崎聖地（本部）
〒856-0836 長崎県大村市幸町二五番一九三
電話（〇九五七）五二―五一五一（代表）

日本神霊学研究会東京聖地
〒141-0022 東京都品川区東五反田五丁目二八番五号
電話（〇三）三四四二―四〇八二（代表）

［著者プロフィール］

隈本正二郎《くまもとしょうじろう》・法名 聖二郎《しょうじろう》

一九六五（昭和四〇）年、長崎市に生まれる。父、隈本確と同様、少年時代より数々の霊的体験をもつ。二〇歳の頃より日本神霊学研究会の教祖隈本確のもとで神霊能力者の修行を重ね、神霊治療の実践と研究を行ってきた。現在は、教祖隈本確の跡を継ぎ、日本神霊学研究会の聖師教を務め、神霊治療と若き神霊能力者の指導・育成にあたっている。著書に『神と霊の力―神霊を活用して人生の勝者となる』『神秘力の真実―超神霊エネルギーの奇蹟』『神・真実と迷信―悪徳霊能力者にだまされるな！』（展望社）がある。

大霊界真書

二〇一七年一月一日　初版第一刷発行
二〇一七年四月二三日　初版第二刷発行

著　者——隈本正二郎

発行者——唐澤明義
発行所——株式会社展望社
郵便番号一一二—〇〇〇二
東京都文京区小石川三—一—七
エコービル二〇二
電　話——〇三—三八一四—一九九七
FAX——〇三—三八一四—三〇六三
振　替——〇〇一八〇—三—三九六二四八
展望社ホームページ http://tembo-books.jp/

印刷・製本——株式会社 東京印書館
定価はカバーに表示してあります。
落丁本・乱丁本はお取り替えいたします。

ISBN978-4-88546-321-1

●ISBN : 978-4-88546-309-9　●四六判並製／定価（本体 1500円＋税）